Verde Sapore
Ricette per un viaggio vegano

Sofia Rossi

Sommario

Introduzione 12

Asparagi Grigliati Con Pepe Verde E Zucca 15

Zucchine grigliate semplici e cipolle rosse 17

Elotes alla griglia semplice e Portobello 18

Melanzane e zucchine marinate alla griglia 19

Peperoni e broccolini arrostiti 20

Cavolfiore e cavoletti di Bruxelles alla griglia 21

Mais Grigliato E Funghi Crimini 22

Melanzane, zucchine e mais grigliate 24

Zucchine grigliate e ananas 26

Portobello e asparagi alla griglia 27

Ricetta semplice di verdure grigliate 29

Melanzane giapponesi grigliate e funghi shiitake 31

Melanzane e broccoli giapponesi grigliati 32

Cavolfiore e cavoletti di Bruxelles alla griglia 33

Ricetta giapponese di cavolfiore alla griglia con glassa al balsamico 34

Ricetta semplice di verdure grigliate 35

Melanzane grigliate e peperoni verdi 36

Asparagi Portobello grigliati e fagiolini con vinaigrette al sidro di mele 37

Fagioli Alla Griglia E Funghi Portobello ... 39
Cavoletti di Bruxelles e fagiolini ... 40
Zucchine e cipolle in salsa Ranch ... 41
Fagiolini grigliati e ananas in vinaigrette all'aceto balsamico ... 42
Broccolini e melanzane grigliate ... 44
Broccoli grigliati e peperoni verdi ... 46
Zucchine e carote grigliate ... 47
Funghi portobello grigliati in vinaigrette al sidro di mele ... 48
Carote grigliate con cavoletti di Bruxelles ... 49
Ricetta pastinaca e zucchine alla griglia ... 50
Rapa alla griglia in vinaigrette orientale ... 51
Carote, rape e portobello grigliate con glassa all'aceto balsamico 52
Zucchine e manghi grigliati ... 53
Mais e fagiolini alla griglia ... 54
Cuori di carciofi grigliati e cavoletti di Bruxelles ... 55
Griglia Broccolini Peperoni e Cavolini di Bruxelles con Glassa di Sidro di Mele e Miele ... 56
Ricetta Peperoni Grigliati Assortiti Con Cimette Di Broccolini ... 57
Melanzane grigliate, zucchine con peperoni assortiti ... 59
Portobello grigliato e cipolla rossa ... 61
Mais grigliato e cipolle rosse ... 62
Cavolini Di Bruxelles Alla Griglia Cavolfiore E Asparagi ... 63
Zucchine Grigliate Melanzane Portobello e Asparagi ... 64
Ricetta peperoni verdi arrostiti, broccoli e asparagi ... 66

Funghi portobello e zucchine grigliati	67
Asparagi grigliati, ananas e fagiolini	68
Fagiolini e melanzane alla griglia	69
Asparagi e broccoli alla griglia	71
Cavolfiore e cavoletti di Bruxelles alla griglia	72
Cimette di broccoli e broccolini alla griglia	73
Zucchine Grigliate Cipolle Rosse Broccolini Cimette E Asparagi	74
Fagiolini Alla Griglia Asparagi Broccolini Cimette E Ananas	76
Fagioli edamame alla griglia	77
Okra alla griglia, zucchine e cipolle rosse	78
Pastinaca e zucchine grigliate	79
Pastinaca alla griglia e gombo	80
Broccoli Alla Griglia Pastinaca Gombo E Asparagi	82
Rape e peperoni arrostiti	83
Cavolfiore e broccoli alla griglia	84
Rapa e ananas alla griglia	85
Pastinaca e zucchine grigliate	86
Cipolle rosse di rapa grigliate e pastinaca	87
Carote grigliate, pastinaca e broccolini	88
Cimette Di Asparagi E Broccolini Alla Griglia	89
Cavolfiore grigliato e mais baby	90
Cuori di Carciofi Grigliati e Cimette di Broccolini	91
Carote e melanzane grigliate	92
Carote e zucchine grigliate	93

Mais grigliato, trippa e asparagi	94
Carotine grigliate e cuori di carciofi	95
Fagiolini grigliati all'ananas e cuori di carciofo	96
Broccolini grigliati e carotine	98
Semplice cavolfiore grigliato e cimette di mais baby	99
Carote e peperoni grigliati	100
Elotes Grigliati, Cuori Di Carciofi E Melanzane	101
Carotine e Cipolla Rossa Grigliate	102
Asparagi Grigliati Con Broccolini E Funghi Portobello	103
Cuori Di Carciofi Alla Griglia	104
Carotine e funghi grigliati	105
Cuori di carciofi e asparagi grigliati	106
zucchine grigliate	107
Melanzane grigliate con glassa all'aceto balsamico	108
Lattuga romana e pomodori alla griglia	109
Zucchine e peperoni grigliati	111
Melanzane grigliate e cipolla rossa	113
Asparagi Alla Griglia Cavolini Di Bruxelles Cimette Di Broccolini	115
Zucchine Grigliate Con Glassa Di Sidro Di Mele Al Miele	117
Cuori di Carciofi e Zucchine Grigliati con Cipolla Rossa	119
Zucchine Grigliate e Cimette Di Broccolini	121
Insalata tailandese con lattuga e arachidi	124
Insalata di lattuga, erba cipollina e pistacchio	125

Insalata di lattuga, mandorle e formaggio cremoso vegano..........127

Insalata Di Lattuga Boston E Pomodoro d..........129

Lattuga e pomodoro con vinaigrette al coriandolo..........131

Verdure Miste E Insalata Di Mandorle..........132

Insalata vegana di cerfoglio e ricotta..........133

Bib Lattuce Insalata Di Noci Con Parmigiano Vegano..........134

Indivia Tomatillo Lattuga E Insalata Di Ricotta Vegana..........135

Insalata vegana di pomodori e parmigiano..........136

Tomatillos di spinaci e insalata di mandorle..........137

Insalata di pomodori e mandorle..........139

Insalata Mista Ricotta Vegana E Mandorle Verdi..........141

Insalata di indivia, pomodoro e mandorle..........142

Kale Tomatillo E Insalata Di Mandorle..........144

Insalata Di Mandorle E Scarole Di Pomodoro..........145

Indivia Tomatillo E Insalata Di Mandorle..........147

Bib Lattuga Mandorla E Insalata Di Pomodorini..........148

Tomatillos di spinaci e insalata di parmigiano vegano..........150

Insalata Vegana Di Parmigiano E Pomodoro Kale..........151

Insalata Vegana Di Verdure Miste Tomatillo E Ricotta..........153

Insalata Di Scarole Di Mandorle E Ricotta Vegana..........154

Insalata di indivia, pomodoro e mandorle..........155

Insalata di spinaci, zucchine e mandorle..........157

Insalata di cavoli, cetrioli, tomatillo e ricotta di tofu..........158

Insalata Di Verdure Miste, Mandorle E Ricotta Di Tofu..........160

Insalata Vegana Di Parmigiano E Pomodoro Kale 162

Insalata Vegana Di Pomodori Al Cerfoglio Al Parmigiano 164

Bib Lattuga Tomatillo E Insalata Di Ricotta Di Tofu 166

Insalata di spinaci, pomodori e mandorle 169

Insalata Vegan Di Parmigiano, Pomodoro E Cavolo Napa 171

Insalata di cicoria, tomatillo e mandorle 172

Tofu Pomodoro Kale e insalata di ricotta 174

Insalata Di Pomodori Con Cavolo Napa E Ricotta Di Tofu 176

Insalata di tomatillo con foglie di barbabietola e formaggio vegano 177

Insalata di lattuga romana super semplice 179

Insalata di lattuga facile 180

Insalata di Boston facile 181

Insalata di verdure miste facile 182

Insalata Di Lattuga Bib 183

Insalata di lattuga di Boston con glassa all'aceto balsamico 184

Insalata di indivia semplice 185

Insalata Di Verdure Miste 186

Insalata di lattuga di arachidi di Boston 187

Lattuga Boston con glassa all'aceto balsamico 188

Bavaglino di lattuga con vinaigrette alle noci 189

Lattuga romana con vinaigrette alla nocciola 190

Insalata di verdure miste con vinaigrette alle mandorle 191

Insalata di indivia con arachidi e vinaigrette all'aceto balsamico 192

Bib lattuga con vinaigrette di anacardi..193

Insalata di lattuga romana con vinaigrette alle noci 194

Insalata di verdure miste con vinaigrette alle mandorle................195

Insalata di lattuga romana con vinaigrette di anacardi..................197

Insalata di indivia con vinaigrette alla nocciola 198

Insalata di lattuga bavaglino con vinaigrette di arachidi................199

Insalata Di Lattuga Boston Alla Griglia 200

Insalata Di Lattuga Romana Alla Griglia...201

Insalata di lattuga romana alla griglia e vinaigrette di anacardi .202

Insalata Di Lattuga Romana Alla Griglia E Vinaigrette Di Mandorle 203

Cavolo di Napa alla griglia con vinaigrette di anacardi 204

Insalata di lattuga Boston alla griglia e vinaigrette di anacardi...205

Insalata di lattuga romana alla griglia e olive verdi........................206

Insalata Di Lattuga Alla Griglia E Olive Verdi....................................207

Lattuga romana alla griglia e insalata di capperi verdi 208

Insalata di lattuga romana alla griglia e capperi..............................209

Insalata Di Boston E Olive Nere Arrostite..210

Lattuga romana alla griglia e insalata di olive Kalamata 211

Lattuga romana con olive verdi e vinaigrette di arachidi................212

Lattuga Romana Capperi E Vinaigrette Di Mandorle 213

Lattuga Boston con cuori di carciofo e vinaigrette di anacardi.....214

Carciofi e Cuori di Carciofo con Glassa all'Aceto Balsamico 215

Carciofi e Olive Verdi con Vinaigrette alle Noci 216

Lattuga romana con olive nere e cuori di carciofi 217

Cuori di carciofo con insalata di olive nere 218

Insalata di lattuga Boston, olive nere e cuore di carciofo 219

Lattuga romana con cuore di carciofo e insalata di vinaigrette di macadamia 220

Introduzione

Il veganismo è un tipo di dieta che può essere adattato a qualsiasi età e sesso. La ricerca ha dimostrato che seguire una dieta vegana può aiutare a ridurre i livelli di colesterolo. Aiuta anche chi è a dieta a evitare alcuni tipi di malattie come il diabete di tipo 2, le malattie cardiache, l'ipertensione e alcuni tipi di cancro.

Come sempre, ti consigliamo di iniziare gradualmente procedendo un passo alla volta. La maggior parte delle diete fallisce quando una persona cerca di fare troppo e si aspetta troppo e troppo presto. Il modo migliore per seguire una dieta è fare piccoli passi per aiutare chi è a dieta ad adattarsi a questo nuovo stile di vita a lungo termine. Alcuni di questi passaggi includono l'eliminazione della carne e di qualsiasi prodotto animale un pasto alla volta. Puoi anche evitare la carne per alcuni pasti della giornata.

Un altro passo che puoi fare nel tuo viaggio verso uno stile di vita vegano è uscire con persone che la pensano allo stesso modo. Esci con i vegani sui forum e soprattutto nei gruppi. Questo ti aiuta ad apprendere e ad adattare le migliori pratiche, oltre a condividere i tuoi pensieri e le tue opinioni con altri vegani.

Molte persone credono che i vegani manchino di varietà nella loro dieta a causa dell'assenza di carne e latticini. Non potrebbe essere più lontano dalla verità. Seguire una dieta vegana in realtà consente a una persona di sperimentare una più ampia varietà di cibi mentre inizia a provare una vasta gamma di frutta, verdura, cereali, semi e legumi. Questi tipi di alimenti sono ricchi di micronutrienti e fibre che non sono presenti nella carne e nei latticini.

Molti sono stati anche indotti a credere che una dieta vegana manchi di alcuni macronutrienti e minerali come proteine e calcio; tuttavia, esiste una più ampia varietà di verdure e fagioli che potrebbero facilmente sostituire carne e latticini. Il tofu, ad esempio, è ricco di proteine.

Asparagi Grigliati Con Pepe Verde E Zucca

Ingredienti della marinata

1/4 di tazza di olio extra vergine di oliva

2 cucchiai di miele

4 cucchiaini di aceto balsamico

1 cucchiaino di origano essiccato

1 cucchiaino di aglio in polvere

1/8 cucchiaino di grani di pepe arcobaleno

Sale marino

Ingredienti vegetali

1 chilo di asparagi freschi, tritati

3 carote piccole, tagliate a metà nel senso della lunghezza

1 peperone verde dolce grande, tagliato a strisce da 1 pollice

1 zucca estiva gialla media, tagliata a fette da 1/2 pollice

1 cipolla gialla media, tagliata a spicchi

Unire gli ingredienti della marinata.

Unire i 3 cucchiai di marinata e le verdure in un sacchetto.

Marinare 1 1/2 ore a temperatura ambiente o durante la notte in frigorifero.

Grigliare le verdure a fuoco medio per 8-12 minuti o finché sono teneri.

Cospargere con la marinata rimanente.

Zucchine grigliate semplici e cipolle rosse

ingredienti

2 zucchine grandi, tagliate longitudinalmente a fette di ½ pollice

2 cipolle rosse grandi, tagliate ad anelli da ½ pollice ma non separate in singoli anelli

2 cucchiai. olio extravergine d'oliva

2 cucchiai. miscela di condimento per ranch

Spennellare leggermente ogni lato delle verdure con olio d'oliva.

Condisci con il mix di salsa ranch.

Grigliare per 4 minuti a fuoco medio o finché sono teneri.

Elotes alla griglia semplice e Portobello

ingredienti

2 mais grandi, tagliati longitudinalmente

5 pezzi di Portobello, sciacquati e scolati

Ingredienti della marinata:

6 cucchiai di olio extravergine di oliva

sale marino, a piacere

3 cucchiai di aceto bianco distillato

1 cucchiaino di senape di Digione

Marinare le verdure con il condimento o gli ingredienti della marinata da 15 a 30 min.

Grigliare per 4 minuti a fuoco medio o fino a quando le verdure sono tenere.

Melanzane e zucchine marinate alla griglia

ingredienti

2 melanzane grandi, affettate nel senso della lunghezza e tagliate a metà

2 zucchine grandi, affettate nel senso della lunghezza e tagliate a metà

Ingredienti della marinata:

6 cucchiai di olio extravergine di oliva

sale marino, a piacere

3 cucchiai di aceto bianco distillato

1 cucchiaino di senape di Digione

Marinare le verdure con il condimento o gli ingredienti della marinata da 15 a 30 min.

Grigliare per 4 minuti a fuoco medio o fino a quando le verdure sono tenere.

Peperoni e broccolini arrostiti

ingredienti

2 peperoni verdi, tagliati a metà

10 cimette di broccolini

Ingredienti della marinata:

6 cucchiai di olio extravergine di oliva

sale marino, a piacere

3 cucchiai di aceto bianco distillato

1 cucchiaino di senape di Digione

Marinare le verdure con il condimento o gli ingredienti della marinata da 15 a 30 min.

Grigliare per 4 minuti a fuoco medio o fino a quando le verdure sono tenere.

Cavolfiore e cavoletti di Bruxelles alla griglia

ingredienti

10 cimette di cavolfiore

10 pezzi di cavoletti di Bruxelles

Ingredienti della marinata:

6 cucchiai di olio extravergine di oliva

sale marino, a piacere

3 cucchiai di aceto bianco distillato

1 cucchiaino di senape di Digione

Marinare le verdure con il condimento o gli ingredienti della marinata da 15 a 30 min.

Grigliare per 4 minuti a fuoco medio o fino a quando le verdure sono tenere.

Mais Grigliato E Funghi Crimini

ingredienti

2 trippe, tagliate longitudinalmente

10 funghi crimini, sciacquati e scolati

Ingredienti della marinata:

6 cucchiai di olio extravergine di oliva

sale marino, a piacere

3 cucchiai di aceto bianco distillato

1 cucchiaino di senape di Digione

Marinare le verdure con il condimento o gli ingredienti della marinata da 15 a 30 min.

Grigliare per 4 minuti a fuoco medio o fino a quando le verdure sono tenere.

Melanzane, zucchine e mais grigliate

ingredienti

2 melanzane grandi, affettate nel senso della lunghezza e tagliate a metà

2 zucchine grandi, affettate nel senso della lunghezza e tagliate a metà

2 trippe, tagliate longitudinalmente

Ingredienti della marinata:

6 cucchiai di olio extravergine di oliva

sale marino, a piacere

3 cucchiai di aceto bianco distillato

1 cucchiaino di senape di Digione

Marinare le verdure con il condimento o gli ingredienti della marinata da 15 a 30 min.

Grigliare per 4 minuti a fuoco medio o fino a quando le verdure sono tenere.

Zucchine grigliate e ananas

ingredienti

2 zucchine grandi, tagliate longitudinalmente a fette di ½ pollice

2 cipolle rosse grandi, tagliate ad anelli da ½ pollice ma non separate in singoli anelli

1 ananas medio, tagliato a fette da 1/2 pollice

10 fagiolini

Ingredienti della marinata:

6 cucchiai di olio extravergine di oliva

sale marino, a piacere

3 cucchiai di aceto bianco distillato

1 cucchiaino di senape di Digione

Marinare le verdure con il condimento o gli ingredienti della marinata da 15 a 30 min.

Grigliare per 4 minuti a fuoco medio o fino a quando le verdure sono tenere.

Portobello e asparagi alla griglia

ingredienti

3 pezzi. Portobello, sciacquato e scolato

2 pezzi Melanzane, affettate nel senso della lunghezza e tagliate a metà

2 pezzi Zucchine, affettate nel senso della lunghezza e tagliate a metà

6 pezzi di asparagi

Ingredienti della marinata:

6 cucchiai di olio extravergine di oliva

sale marino, a piacere

3 cucchiai di aceto bianco distillato

1 cucchiaino di senape di Digione

Marinare le verdure con il condimento o gli ingredienti della marinata da 15 a 30 min.

Grigliare per 4 minuti a fuoco medio o fino a quando le verdure sono tenere.

Ricetta semplice di verdure grigliate

ingredienti

3 pezzi. Portobello, sciacquato e scolato

2 pezzi Melanzane, affettate nel senso della lunghezza e tagliate a metà

2 pezzi Zucchine, affettate nel senso della lunghezza e tagliate a metà

6 pezzi di asparagi

ingredienti del condimento

6 cucchiai di olio extravergine di oliva

sale marino, a piacere

3 cucchiai di aceto di mele

1 cucchiaio. Miele

1 cucchiaino di maionese senza uova

Marinare le verdure con il condimento o gli ingredienti della marinata da 15 a 30 min.

Grigliare per 4 minuti a fuoco medio o fino a quando le verdure sono tenere.

Melanzane giapponesi grigliate e funghi shiitake

ingredienti

Trippa, tagliata per il lungo

2 pezzi di melanzane giapponesi, affettate nel senso della lunghezza e tagliate a metà

Funghi shitake, sciacquati e scolati

ingredienti del condimento

6 cucchiai di olio d'oliva

sale marino, a piacere

3 cucchiai di aceto di vino bianco

1 cucchiaino di maionese senza uova

Marinare le verdure con il condimento o gli ingredienti della marinata da 15 a 30 min.

Grigliare per 4 minuti a fuoco medio o fino a quando le verdure sono tenere.

Melanzane e broccoli giapponesi grigliati

ingredienti

2 peperoni verdi, tagliati a metà

10 cimette di broccolini

2 pezzi di melanzane giapponesi, affettate nel senso della lunghezza e tagliate a metà

ingredienti del condimento

6 cucchiai di olio di sesamo

sale marino, a piacere

3 cucchiai di aceto bianco distillato

1 cucchiaino di maionese senza uova

Marinare le verdure con il condimento o gli ingredienti della marinata da 15 a 30 min.

Grigliare per 4 minuti a fuoco medio o fino a quando le verdure sono tenere.

Cavolfiore e cavoletti di Bruxelles alla griglia

ingredienti

10 cimette di cavolfiore

10 pezzi di cavoletti di Bruxelles

ingredienti del condimento

6 cucchiai di olio di sesamo

sale marino, a piacere

3 cucchiai di aceto bianco distillato

1 cucchiaino di maionese senza uova

Marinare le verdure con il condimento o gli ingredienti della marinata da 15 a 30 min.

Grigliare per 4 minuti a fuoco medio o fino a quando le verdure sono tenere.

Ricetta giapponese di cavolfiore alla griglia con glassa al balsamico

ingredienti

2 peperoni verdi, tagliati a metà nel senso della lunghezza

10 cimette di cavolfiore

2 pezzi di melanzane giapponesi, affettate nel senso della lunghezza e tagliate a metà

ingredienti del condimento

6 cucchiai di olio extravergine di oliva

sale marino, a piacere

3 cucchiai di aceto balsamico

1 cucchiaino di senape di Digione

Marinare le verdure con il condimento o gli ingredienti della marinata da 15 a 30 min.

Grigliare per 4 minuti a fuoco medio o fino a quando le verdure sono tenere.

Ricetta semplice di verdure grigliate

ingredienti

2 melanzane grandi, affettate nel senso della lunghezza e tagliate a metà

1 zucchina grande, affettata nel senso della lunghezza e tagliata a metà

5 cime di broccoli

Ingredienti della marinata:

6 cucchiai di olio extravergine di oliva

sale marino, a piacere

3 cucchiai di aceto bianco distillato

1 cucchiaino di senape di Digione

Marinare le verdure con il condimento o gli ingredienti della marinata da 15 a 30 min.

Grigliare per 4 minuti a fuoco medio o fino a quando le verdure sono tenere.

Melanzane grigliate e peperoni verdi

ingredienti

2 peperoni verdi, tagliati a metà

10 cimette di broccolini

2 pezzi Melanzane, affettate nel senso della lunghezza e tagliate a metà

ingredienti del condimento

6 cucchiai di olio d'oliva

sale marino, a piacere

3 cucchiai di aceto di vino bianco

1 cucchiaino di senape inglese

Marinare le verdure con il condimento o gli ingredienti della marinata da 15 a 30 min.

Grigliare per 4 minuti a fuoco medio o fino a quando le verdure sono tenere.

Asparagi Portobello grigliati e fagiolini con vinaigrette al sidro di mele

ingredienti

3 pezzi. Portobello, sciacquato e scolato

2 pezzi Melanzane, affettate nel senso della lunghezza e tagliate a metà

2 pezzi Zucchine, affettate nel senso della lunghezza e tagliate a metà

6 pezzi di asparagi

1 ananas medio, tagliato a fette da 1/2 pollice

10 fagiolini

ingredienti del condimento

6 cucchiai di olio extravergine di oliva

sale marino, a piacere

3 cucchiai di aceto di mele

1 cucchiaio. Miele

1 cucchiaino di maionese senza uova

Marinare le verdure con il condimento o gli ingredienti della marinata da 15 a 30 min.

Grigliare per 4 minuti a fuoco medio o fino a quando le verdure sono tenere.

Fagioli Alla Griglia E Funghi Portobello

ingredienti

Trippa, tagliata per il lungo

5 pezzi di funghi Portobello, sciacquati e scolati

10 fagiolini

ingredienti del condimento

6 cucchiai di olio d'oliva

sale marino, a piacere

3 cucchiai di aceto di vino bianco

1 cucchiaino di maionese senza uova

Marinare le verdure con il condimento o gli ingredienti della marinata da 15 a 30 min.

Grigliare per 4 minuti a fuoco medio o fino a quando le verdure sono tenere.

Cavoletti di Bruxelles e fagiolini

ingredienti

10 cimette di cavolfiore

10 pezzi di cavoletti di Bruxelles

10 fagiolini

ingredienti del condimento

6 cucchiai di olio d'oliva

sale marino, a piacere

3 cucchiai di aceto di vino bianco

1 cucchiaino di maionese senza uova

Marinare le verdure con il condimento o gli ingredienti della marinata da 15 a 30 min.

Grigliare per 4 minuti a fuoco medio o fino a quando le verdure sono tenere.

Zucchine e cipolle in salsa Ranch

ingredienti

2 zucchine grandi, tagliate longitudinalmente a fette di ½ pollice

2 cipolle rosse grandi, tagliate ad anelli da ½ pollice ma non separate in singoli anelli

2 cucchiai. olio extravergine d'oliva

2 cucchiai. miscela di condimento per ranch

Marinare le verdure con il condimento o gli ingredienti della marinata da 15 a 30 min.

Grigliare per 4 minuti a fuoco medio o fino a quando le verdure sono tenere.

Fagiolini grigliati e ananas in vinaigrette all'aceto balsamico

ingredienti

1 ananas medio, tagliato a fette da 1/2 pollice

10 fagiolini

ingredienti del condimento

6 cucchiai di olio extravergine di oliva

sale marino, a piacere

3 cucchiai di aceto balsamico

1 cucchiaino di senape di Digione

Marinare le verdure con il condimento o gli ingredienti della marinata da 15 a 30 min.

Grigliare per 4 minuti a fuoco medio o fino a quando le verdure sono tenere.

Broccolini e melanzane grigliate

ingredienti

1 melanzana grande, affettata nel senso della lunghezza e tagliata a metà

1 zucchina grande, affettata nel senso della lunghezza e tagliata a metà

10 fagiolini

10 cimette di broccolini

Ingredienti della marinata:

6 cucchiai di olio extravergine di oliva

sale marino, a piacere

3 cucchiai di aceto bianco distillato

1 cucchiaino di senape di Digione

Marinare le verdure con il condimento o gli ingredienti della marinata da 15 a 30 min.

Grigliare per 4 minuti a fuoco medio o fino a quando le verdure sono tenere.

Broccoli grigliati e peperoni verdi

ingredienti

2 peperoni verdi, tagliati a metà

8 cimette di broccolo

ingredienti del condimento

6 cucchiai di olio di sesamo

sale marino, a piacere

3 cucchiai di aceto bianco distillato

1 cucchiaino di maionese senza uova

Marinare le verdure con il condimento o gli ingredienti della marinata da 15 a 30 min.

Grigliare per 4 minuti a fuoco medio o fino a quando le verdure sono tenere.

Zucchine e carote grigliate

ingredienti

2 zucchine grandi, tagliate longitudinalmente a fette di ½ pollice

1 cipolla rossa grande, tagliata ad anelli da ½ pollice ma senza separarli in singoli anelli

1 carota grande, sbucciata e tagliata nel senso della lunghezza

ingredienti del condimento

6 cucchiai di olio d'oliva

sale marino, a piacere

3 cucchiai di aceto di vino bianco

1 cucchiaino di senape inglese

Marinare le verdure con il condimento o gli ingredienti della marinata da 15 a 30 min.

Grigliare per 4 minuti a fuoco medio o fino a quando le verdure sono tenere.

Funghi portobello grigliati in vinaigrette al sidro di mele

ingredienti

Trippa, tagliata per il lungo

5 pezzi di funghi Portobello, sciacquati e scolati

ingredienti del condimento

6 cucchiai di olio extravergine di oliva

sale marino, a piacere

3 cucchiai di aceto di mele

1 cucchiaio. Miele

1 cucchiaino di maionese senza uova

Marinare le verdure con il condimento o gli ingredienti della marinata da 15 a 30 min.

Grigliare per 4 minuti a fuoco medio o fino a quando le verdure sono tenere.

Carote grigliate con cavoletti di Bruxelles

ingredienti

10 cimette di cavolfiore

10 pezzi di cavoletti di Bruxelles

1 carota grande, sbucciata e tagliata nel senso della lunghezza

ingredienti del condimento

6 cucchiai di olio d'oliva

sale marino, a piacere

3 cucchiai di aceto di vino bianco

1 cucchiaino di maionese senza uova

Marinare le verdure con il condimento o gli ingredienti della marinata da 15 a 30 min.

Grigliare per 4 minuti a fuoco medio o fino a quando le verdure sono tenere.

Ricetta pastinaca e zucchine alla griglia

ingredienti

1 pastinaca grande, sbucciata e affettata nel senso della lunghezza

1 zucchina grande, tagliata longitudinalmente a fette da ½ pollice

2 cipolle rosse grandi, tagliate ad anelli da ½ pollice ma non separate in singoli anelli

Ingredienti della marinata:

6 cucchiai di olio extravergine di oliva

sale marino, a piacere

3 cucchiai di aceto bianco distillato

1 cucchiaino di senape di Digione

Marinare le verdure con il condimento o gli ingredienti della marinata da 15 a 30 min.

Grigliare per 4 minuti a fuoco medio o fino a quando le verdure sono tenere.

Rapa alla griglia in vinaigrette orientale

ingredienti

1 rapa grande, sbucciata e affettata nel senso della lunghezza

2 peperoni verdi, tagliati a metà

10 cimette di broccolini

ingredienti del condimento

6 cucchiai di olio di sesamo

sale marino, a piacere

3 cucchiai di aceto bianco distillato

1 cucchiaino di maionese senza uova

Marinare le verdure con il condimento o gli ingredienti della marinata da 15 a 30 min.

Grigliare per 4 minuti a fuoco medio o fino a quando le verdure sono tenere.

Carote, rape e portobello grigliate con glassa all'aceto balsamico

ingredienti

1 carota grande, sbucciata e tagliata nel senso della lunghezza

1 rapa grande, sbucciata e affettata nel senso della lunghezza

1 mais, tagliato nel senso della lunghezza

2 pezzi di funghi Portobello, sciacquati e scolati

ingredienti del condimento

6 cucchiai di olio extravergine di oliva

sale marino, a piacere

3 cucchiai di aceto balsamico

1 cucchiaino di senape di Digione

Marinare le verdure con il condimento o gli ingredienti della marinata da 15 a 30 min.

Grigliare per 4 minuti a fuoco medio o fino a quando le verdure sono tenere.

Zucchine e manghi grigliati

ingredienti

2 zucchine grandi, affettate nel senso della lunghezza e tagliate a metà

2 manghi grandi, tagliati a fette longitudinali e snocciolati

ingredienti del condimento

6 cucchiai di olio di sesamo

sale marino, a piacere

3 cucchiai di aceto bianco distillato

1 cucchiaino di maionese senza uova

Marinare le verdure con il condimento o gli ingredienti della marinata da 15 a 30 min.

Grigliare per 4 minuti a fuoco medio o fino a quando le verdure sono tenere.

Per il mango, griglia fino a quando non inizi a vedere i segni marroni della griglia.

Mais e fagiolini alla griglia

ingredienti

½ tazza di mais dolce

1 ananas medio, tagliato a fette da 1/2 pollice

10 fagiolini

2 cipolle rosse grandi, tagliate ad anelli da ½ pollice ma non separate in singoli anelli

ingredienti del condimento

6 cucchiai di olio d'oliva

sale marino, a piacere

3 cucchiai di aceto di vino bianco

1 cucchiaino di senape inglese

Marinare le verdure con il condimento o gli ingredienti della marinata da 15 a 30 min.

Grigliare per 4 minuti a fuoco medio o fino a quando le verdure sono tenere.

Cuori di carciofi grigliati e cavoletti di Bruxelles

ingredienti

½ tazza di cuori di carciofi in scatola

5 cime di broccoli

10 pezzi di cavoletti di Bruxelles

ingredienti del condimento

6 cucchiai di olio d'oliva

sale marino, a piacere

3 cucchiai di aceto di vino bianco

1 cucchiaino di maionese senza uova

Marinare le verdure con il condimento o gli ingredienti della marinata da 15 a 30 min.

Grigliare per 4 minuti a fuoco medio o fino a quando le verdure sono tenere.

Griglia Broccolini Peperoni e Cavolini di Bruxelles con Glassa di Sidro di Mele e Miele

ingredienti

10 cimette di broccolini

½ tazza di cuori di carciofi in scatola

10 cavoletti di Bruxelles

ingredienti del condimento

6 cucchiai di olio extravergine di oliva

sale marino, a piacere

3 cucchiai di aceto di mele

1 cucchiaio. Miele

1 cucchiaino di maionese senza uova

Marinare le verdure con il condimento o gli ingredienti della marinata da 15 a 30 min.

Grigliare per 4 minuti a fuoco medio o fino a quando le verdure sono tenere.

Ricetta Peperoni Grigliati Assortiti Con Cimette Di Broccolini

ingredienti

1 peperone verde, tagliato a metà

1 peperone giallo, tagliato a metà

1 peperone rosso, tagliato a metà

10 cimette di broccolini

Ingredienti della marinata:

6 cucchiai di olio extravergine di oliva

sale marino, a piacere

3 cucchiai di aceto bianco distillato

1 cucchiaino di senape di Digione

Marinare le verdure con il condimento o gli ingredienti della marinata da 15 a 30 min.

Grigliare per 4 minuti a fuoco medio o fino a quando le verdure sono tenere.

Melanzane grigliate, zucchine con peperoni assortiti

ingredienti

1 melanzana piccola, affettata nel senso della lunghezza e tagliata a metà

1 zucchina piccola, affettata nel senso della lunghezza e tagliata a metà

1 peperone verde, tagliato a metà

1 peperone giallo, tagliato a metà

1 peperone rosso, tagliato a metà

ingredienti del condimento

6 cucchiai di olio di sesamo

sale marino, a piacere

3 cucchiai di aceto bianco distillato

1 cucchiaino di maionese senza uova

Marinare le verdure con il condimento o gli ingredienti della marinata da 15 a 30 min.

Grigliare per 4 minuti a fuoco medio o fino a quando le verdure sono tenere.

Portobello grigliato e cipolla rossa

ingredienti

1 mais, tagliato nel senso della lunghezza

5 pezzi di funghi Portobello, sciacquati e scolati

1 cipolla rossa media, tagliata ad anelli da ½ pollice ma senza separarli in singoli anelli

ingredienti del condimento

6 cucchiai di olio extravergine di oliva

sale marino, a piacere

3 cucchiai di aceto balsamico

1 cucchiaino di senape di Digione

Marinare le verdure con il condimento o gli ingredienti della marinata da 15 a 30 min.

Grigliare per 4 minuti a fuoco medio o fino a quando le verdure sono tenere.

Mais grigliato e cipolle rosse

ingredienti

2 zucchine grandi, tagliate longitudinalmente a fette di ½ pollice

2 cipolle rosse grandi, tagliate ad anelli da ½ pollice ma non separate in singoli anelli

1 mais, tagliato nel senso della lunghezza

ingredienti del condimento

6 cucchiai di olio di sesamo

sale marino, a piacere

3 cucchiai di aceto bianco distillato

1 cucchiaino di maionese senza uova

Marinare le verdure con il condimento o gli ingredienti della marinata da 15 a 30 min.

Grigliare per 4 minuti a fuoco medio o fino a quando le verdure sono tenere.

Cavolini Di Bruxelles Alla Griglia Cavolfiore E Asparagi

ingredienti

10 cimette di cavolfiore

5 pezzi di cavoletti di Bruxelles

6 pezzi di asparagi

ingredienti del condimento

6 cucchiai di olio d'oliva

sale marino, a piacere

3 cucchiai di aceto di vino bianco

1 cucchiaino di senape inglese

Marinare le verdure con il condimento o gli ingredienti della marinata da 15 a 30 min.

Grigliare per 4 minuti a fuoco medio o fino a quando le verdure sono tenere.

Zucchine Grigliate Melanzane Portobello e Asparagi

ingredienti

3 pezzi. Portobello, sciacquato e scolato

2 pezzi Melanzane, affettate nel senso della lunghezza e tagliate a metà

2 pezzi Zucchine, affettate nel senso della lunghezza e tagliate a metà

6 pezzi di asparagi

ingredienti del condimento

6 cucchiai di olio di sesamo

sale marino, a piacere

3 cucchiai di aceto bianco distillato

1 cucchiaino di maionese senza uova

Marinare le verdure con il condimento o gli ingredienti della marinata da 15 a 30 min.

Grigliare per 4 minuti a fuoco medio o fino a quando le verdure sono tenere.

Ricetta peperoni verdi arrostiti, broccoli e asparagi

ingredienti

2 peperoni verdi, tagliati a metà

5 cimette di broccolo

6 pezzi di asparagi

ingredienti del condimento

6 cucchiai di olio extravergine di oliva

sale marino, a piacere

3 cucchiai di aceto di mele

1 cucchiaio. Miele

1 cucchiaino di maionese senza uova

Marinare le verdure con il condimento o gli ingredienti della marinata da 15 a 30 min.

Grigliare per 4 minuti a fuoco medio o fino a quando le verdure sono tenere.

Funghi portobello e zucchine grigliati

ingredienti

2 zucchine grandi, tagliate longitudinalmente a fette di ½ pollice

2 cipolle rosse grandi, tagliate ad anelli da ½ pollice ma non separate in singoli anelli

2 funghi portobello, tagliati a metà

Ingredienti della marinata:

6 cucchiai di olio extravergine di oliva

sale marino, a piacere

3 cucchiai di aceto bianco distillato

1 cucchiaino di senape di Digione

Marinare le verdure con il condimento o gli ingredienti della marinata da 15 a 30 min.

Grigliare per 4 minuti a fuoco medio o fino a quando le verdure sono tenere.

Asparagi grigliati, ananas e fagiolini

ingredienti

10 cimette di broccolini

10 pezzi Asparagi

1 ananas medio, tagliato a fette da 1/2 pollice

10 fagiolini

ingredienti del condimento

6 cucchiai di olio di sesamo

sale marino, a piacere

3 cucchiai di aceto bianco distillato

1 cucchiaino di maionese senza uova

Marinare le verdure con il condimento o gli ingredienti della marinata da 15 a 30 min.

Grigliare per 4 minuti a fuoco medio o fino a quando le verdure sono tenere.

Fagiolini e melanzane alla griglia

ingredienti

2 melanzane grandi, affettate nel senso della lunghezza e tagliate a metà

2 zucchine grandi, affettate nel senso della lunghezza e tagliate a metà

10 fagiolini

ingredienti del condimento

6 cucchiai di olio extravergine di oliva

sale marino, a piacere

3 cucchiai di aceto balsamico

1 cucchiaino di senape di Digione

Marinare le verdure con il condimento o gli ingredienti della marinata da 15 a 30 min.

Grigliare per 4 minuti a fuoco medio o fino a quando le verdure sono tenere.

Asparagi e broccoli alla griglia

ingredienti

Trippa, tagliata per il lungo

5 pezzi di funghi Portobello, sciacquati e scolati

8 pezzi di asparagi

ingredienti del condimento

6 cucchiai di olio di sesamo

sale marino, a piacere

3 cucchiai di aceto bianco distillato

1 cucchiaino di maionese senza uova

Marinare le verdure con il condimento o gli ingredienti della marinata da 15 a 30 min.

Grigliare per 4 minuti a fuoco medio o fino a quando le verdure sono tenere.

Cavolfiore e cavoletti di Bruxelles alla griglia

ingredienti

10 cimette di cavolfiore

10 pezzi di cavoletti di Bruxelles

10 cimette di broccolini

10 pezzi Asparagi

ingredienti del condimento

6 cucchiai di olio d'oliva

sale marino, a piacere

3 cucchiai di aceto di vino bianco

1 cucchiaino di senape inglese

Marinare le verdure con il condimento o gli ingredienti della marinata da 15 a 30 min.

Grigliare per 4 minuti a fuoco medio o fino a quando le verdure sono tenere.

Cimette di broccoli e broccolini alla griglia

ingredienti

2 peperoni verdi, tagliati a metà

5 cimette di broccolo

5 cime di broccoli

ingredienti del condimento

6 cucchiai di olio di sesamo

sale marino, a piacere

3 cucchiai di aceto bianco distillato

1 cucchiaino di maionese senza uova

Marinare le verdure con il condimento o gli ingredienti della marinata da 15 a 30 min.

Grigliare per 4 minuti a fuoco medio o fino a quando le verdure sono tenere.

Zucchine Grigliate Cipolle Rosse Broccolini Cimette E Asparagi

ingredienti

2 zucchine grandi, tagliate longitudinalmente a fette di ½ pollice

2 cipolle rosse grandi, tagliate ad anelli da ½ pollice ma non separate in singoli anelli

10 cimette di broccolini

10 pezzi Asparagi

ingredienti del condimento

6 cucchiai di olio extravergine di oliva

sale marino, a piacere

3 cucchiai di aceto di mele

1 cucchiaio. Miele

1 cucchiaino di maionese senza uova

Marinare le verdure con il condimento o gli ingredienti della marinata da 15 a 30 min.

Grigliare per 4 minuti a fuoco medio o fino a quando le verdure sono tenere.

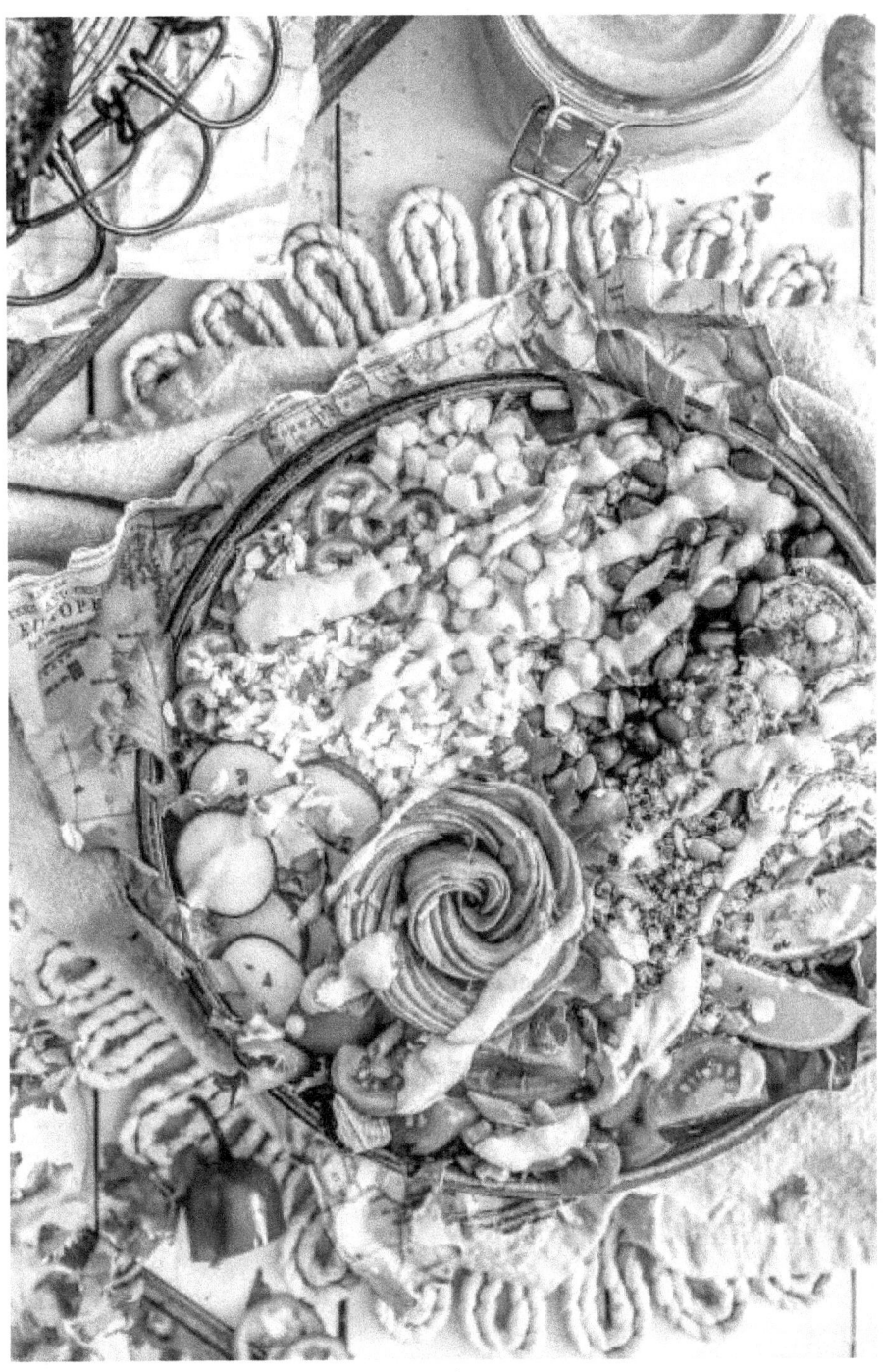

Fagiolini Alla Griglia Asparagi Broccolini Cimette E Ananas

ingredienti

10 cimette di broccolini

10 pezzi Asparagi

1 ananas medio, tagliato a fette da 1/2 pollice

10 fagiolini

Ingredienti della marinata:

6 cucchiai di olio extravergine di oliva

sale marino, a piacere

3 cucchiai di aceto bianco distillato

1 cucchiaino di senape di Digione

Marinare le verdure con il condimento o gli ingredienti della marinata da 15 a 30 min.

Grigliare per 4 minuti a fuoco medio o fino a quando le verdure sono tenere.

Fagioli edamame alla griglia

ingredienti

10 fagioli edamame

10 cimette di cavolfiore

10 pezzi di cavoletti di Bruxelles

ingredienti del condimento

6 cucchiai di olio d'oliva

sale marino, a piacere

3 cucchiai di aceto di vino bianco

1 cucchiaino di maionese senza uova

Marinare le verdure con il condimento o gli ingredienti della marinata da 15 a 30 min.

Grigliare per 4 minuti a fuoco medio o fino a quando le verdure sono tenere.

Okra alla griglia, zucchine e cipolle rosse

ingredienti

5 pezzi di gombo

2 zucchine grandi, tagliate longitudinalmente a fette di ½ pollice

2 cipolle rosse grandi, tagliate ad anelli da ½ pollice ma non separate in singoli anelli

ingredienti del condimento

6 cucchiai di olio extravergine di oliva

sale marino, a piacere

3 cucchiai di aceto balsamico

1 cucchiaino di senape di Digione

Marinare le verdure con il condimento o gli ingredienti della marinata da 15 a 30 min.

Grigliare per 4 minuti a fuoco medio o fino a quando le verdure sono tenere.

Pastinaca e zucchine grigliate

ingredienti

1 pastinaca grande, affettata nel senso della lunghezza

2 zucchine grandi, tagliate longitudinalmente a fette di ½ pollice

2 cipolle rosse grandi, tagliate ad anelli da ½ pollice ma non separate in singoli anelli

2 cucchiai. olio extravergine d'oliva

2 cucchiai. miscela di condimento per ranch

Marinare le verdure con il condimento o gli ingredienti della marinata da 15 a 30 min.

Grigliare per 4 minuti a fuoco medio o fino a quando le verdure sono tenere.

Pastinaca alla griglia e gombo

ingredienti

1 pastinaca grande, affettata nel senso della lunghezza

5 pezzi di gombo

2 melanzane grandi, affettate nel senso della lunghezza e tagliate a metà

2 zucchine grandi, affettate nel senso della lunghezza e tagliate a metà

ingredienti del condimento

6 cucchiai di olio d'oliva

sale marino, a piacere

3 cucchiai di aceto di vino bianco

1 cucchiaino di senape inglese

Marinare le verdure con il condimento o gli ingredienti della marinata da 15 a 30 min.

Grigliare per 4 minuti a fuoco medio o fino a quando le verdure sono tenere.

Broccoli Alla Griglia Pastinaca Gombo E Asparagi

ingredienti

5 cimette di broccolo

1 pastinaca grande, affettata nel senso della lunghezza

5 pezzi di gombo

3 pezzi. Asparago

Trippa, tagliata per il lungo

2 pezzi di funghi Portobello, sciacquati e scolati

Ingredienti della marinata:

6 cucchiai di olio extravergine di oliva

sale marino, a piacere

3 cucchiai di aceto bianco distillato

1 cucchiaino di senape di Digione

Marinare le verdure con il condimento o gli ingredienti della marinata da 15 a 30 min.

Grigliare per 4 minuti a fuoco medio o fino a quando le verdure sono tenere.

Rape e peperoni arrostiti

ingredienti

1 rapa grande, tagliata nel senso della lunghezza

2 peperoni verdi, tagliati a metà

10 cimette di broccolini

ingredienti del condimento

6 cucchiai di olio extravergine di oliva

sale marino, a piacere

3 cucchiai di aceto di mele

1 cucchiaio. Miele

1 cucchiaino di maionese senza uova

Marinare le verdure con il condimento o gli ingredienti della marinata da 15 a 30 min.

Grigliare per 4 minuti a fuoco medio o fino a quando le verdure sono tenere.

Cavolfiore e broccoli alla griglia

ingredienti

10 cimette di cavolfiore

10 pezzi di cavoletti di Bruxelles

10 cimette di broccolini

10 pezzi Asparagi

ingredienti del condimento

6 cucchiai di olio di sesamo

sale marino, a piacere

3 cucchiai di aceto bianco distillato

1 cucchiaino di maionese senza uova

Marinare le verdure con il condimento o gli ingredienti della marinata da 15 a 30 min.

Grigliare per 4 minuti a fuoco medio o fino a quando le verdure sono tenere.

Rapa e ananas alla griglia

ingredienti

1 rapa grande, tagliata nel senso della lunghezza

1 ananas medio, tagliato a fette da 1/2 pollice

10 fagiolini

ingredienti del condimento

6 cucchiai di olio di sesamo

sale marino, a piacere

3 cucchiai di aceto bianco distillato

1 cucchiaino di maionese senza uova

Marinare le verdure con il condimento o gli ingredienti della marinata da 15 a 30 min.

Grigliare per 4 minuti a fuoco medio o fino a quando le verdure sono tenere.

Pastinaca e zucchine grigliate

ingredienti

1 pastinaca grande, affettata nel senso della lunghezza

2 zucchine grandi, tagliate longitudinalmente a fette di ½ pollice

2 cipolle rosse grandi, tagliate ad anelli da ½ pollice ma non separate in singoli anelli

ingredienti del condimento

6 cucchiai di olio d'oliva

sale marino, a piacere

3 cucchiai di aceto di vino bianco

1 cucchiaino di maionese senza uova

Marinare le verdure con il condimento o gli ingredienti della marinata da 15 a 30 min.

Grigliare per 4 minuti a fuoco medio o fino a quando le verdure sono tenere.

Cipolle rosse di rapa grigliate e pastinaca

ingredienti

1 rapa grande, tagliata nel senso della lunghezza

1 pastinaca grande, affettata nel senso della lunghezza

1 zucchina grande, tagliata longitudinalmente a fette da ½ pollice

2 cipolle rosse piccole, tagliate ad anelli da ½ pollice ma non separate in singoli anelli

ingredienti del condimento

6 cucchiai di olio extravergine di oliva

sale marino, a piacere

3 cucchiai di aceto balsamico

1 cucchiaino di senape di Digione

Marinare le verdure con il condimento o gli ingredienti della marinata da 15 a 30 min.

Grigliare per 4 minuti a fuoco medio o fino a quando le verdure sono tenere.

Carote grigliate, pastinaca e broccolini

ingredienti

1 carota grande, tagliata nel senso della lunghezza

1 pastinaca grande, affettata nel senso della lunghezza

10 cimette di broccolini

10 pezzi Asparagi

10 fagiolini

ingredienti del condimento

6 cucchiai di olio d'oliva

sale marino, a piacere

3 cucchiai di aceto di vino bianco

1 cucchiaino di senape inglese

Marinare le verdure con il condimento o gli ingredienti della marinata da 15 a 30 min.

Grigliare per 4 minuti a fuoco medio o fino a quando le verdure sono tenere.

Cimette Di Asparagi E Broccolini Alla Griglia

ingredienti

10 cimette di broccolini

10 pezzi Asparagi

Trippa, tagliata per il lungo

5 pezzi di funghi Portobello, sciacquati e scolati

Ingredienti della marinata:

6 cucchiai di olio extravergine di oliva

sale marino, a piacere

3 cucchiai di aceto bianco distillato

1 cucchiaino di senape di Digione

Marinare le verdure con il condimento o gli ingredienti della marinata da 15 a 30 min.

Grigliare per 4 minuti a fuoco medio o fino a quando le verdure sono tenere.

Cavolfiore grigliato e mais baby

ingredienti

10 cimette di cavolfiore

½ tazza di mais per bambini in scatola

10 pezzi di cavoletti di Bruxelles

ingredienti del condimento

6 cucchiai di olio extravergine di oliva

sale marino, a piacere

3 cucchiai di aceto di mele

1 cucchiaio. Miele

1 cucchiaino di maionese senza uova

Marinare le verdure con il condimento o gli ingredienti della marinata da 15 a 30 min.

Grigliare per 4 minuti a fuoco medio o fino a quando le verdure sono tenere.

Cuori di Carciofi Grigliati e Cimette di Broccolini

ingredienti

½ tazza di cuori di carciofi in scatola

10 cimette di broccolini

ingredienti del condimento

6 cucchiai di olio di sesamo

sale marino, a piacere

3 cucchiai di aceto bianco distillato

1 cucchiaino di maionese senza uova

Marinare le verdure con il condimento o gli ingredienti della marinata da 15 a 30 min.

Grigliare per 4 minuti a fuoco medio o fino a quando le verdure sono tenere.

Carote e melanzane grigliate

ingredienti

5 pezzi di carotine

2 melanzane grandi, affettate nel senso della lunghezza e tagliate a metà

2 zucchine grandi, affettate nel senso della lunghezza e tagliate a metà

ingredienti del condimento

6 cucchiai di olio di sesamo

sale marino, a piacere

3 cucchiai di aceto bianco distillato

1 cucchiaino di maionese senza uova

Marinare le verdure con il condimento o gli ingredienti della marinata da 15 a 30 min.

Grigliare per 4 minuti a fuoco medio o fino a quando le verdure sono tenere.

Carote e zucchine grigliate

ingredienti

7 pezzi di carotine

2 zucchine grandi, tagliate longitudinalmente a fette di ½ pollice

2 cipolle rosse grandi, tagliate ad anelli da ½ pollice ma non separate in singoli anelli

ingredienti del condimento

6 cucchiai di olio d'oliva

sale marino, a piacere

3 cucchiai di aceto di vino bianco

1 cucchiaino di maionese senza uova

Marinare le verdure con il condimento o gli ingredienti della marinata da 15 a 30 min.

Grigliare per 4 minuti a fuoco medio o fino a quando le verdure sono tenere.

Mais grigliato, trippa e asparagi

ingredienti

10 baby trippa

10 pezzi Asparagi

Trippa, tagliata per il lungo

ingredienti del condimento

6 cucchiai di olio extravergine di oliva

sale marino, a piacere

3 cucchiai di aceto balsamico

1 cucchiaino di senape di Digione

Marinare le verdure con il condimento o gli ingredienti della marinata da 15 a 30 min.

Grigliare per 4 minuti a fuoco medio o fino a quando le verdure sono tenere.

Carotine grigliate e cuori di carciofi

ingredienti

1 tazza di cuori di carciofi in scatola

2 zucchine grandi, tagliate longitudinalmente a fette di ½ pollice

8 pezzi di carotine

ingredienti del condimento

6 cucchiai di olio d'oliva

sale marino, a piacere

3 cucchiai di aceto di vino bianco

1 cucchiaino di senape inglese

Marinare le verdure con il condimento o gli ingredienti della marinata da 15 a 30 min.

Grigliare per 4 minuti a fuoco medio o fino a quando le verdure sono tenere.

Fagiolini grigliati all'ananas e cuori di carciofo

ingredienti

1 ananas medio, tagliato a fette da 1/2 pollice

10 fagiolini

1 tazza di cuori di carciofi in scatola

Ingredienti della marinata:

6 cucchiai di olio extravergine di oliva

sale marino, a piacere

3 cucchiai di aceto bianco distillato

1 cucchiaino di senape di Digione

Marinare le verdure con il condimento o gli ingredienti della marinata da 15 a 30 min.

Grigliare per 4 minuti a fuoco medio o fino a quando le verdure sono tenere.

Broccolini grigliati e carotine

ingredienti

10 cimette di broccolini

10 pezzi di carotine

2 zucchine grandi, tagliate longitudinalmente a fette di ½ pollice

2 cipolle rosse grandi, tagliate ad anelli da ½ pollice ma non separate in singoli anelli

ingredienti del condimento

6 cucchiai di olio d'oliva

sale marino, a piacere

3 cucchiai di aceto di vino bianco

1 cucchiaino di maionese senza uova

Marinare le verdure con il condimento o gli ingredienti della marinata da 15 a 30 min.

Grigliare per 4 minuti a fuoco medio o fino a quando le verdure sono tenere.

Semplice cavolfiore grigliato e cimette di mais baby

ingredienti

10 pezzi di mais per bambini

10 cimette di cavolfiore

10 pezzi di cavoletti di Bruxelles

ingredienti del condimento

6 cucchiai di olio extravergine di oliva

sale marino, a piacere

3 cucchiai di aceto di mele

1 cucchiaio. Miele

1 cucchiaino di maionese senza uova

Marinare le verdure con il condimento o gli ingredienti della marinata da 15 a 30 min.

Grigliare per 4 minuti a fuoco medio o fino a quando le verdure sono tenere.

Carote e peperoni grigliati

ingredienti

8 pezzi di carotine

2 peperoni verdi, tagliati a metà

10 cimette di broccolini

ingredienti del condimento

6 cucchiai di olio di sesamo

sale marino, a piacere

3 cucchiai di aceto bianco distillato

1 cucchiaino di maionese senza uova

Marinare le verdure con il condimento o gli ingredienti della marinata da 15 a 30 min.

Grigliare per 4 minuti a fuoco medio o fino a quando le verdure sono tenere.

Elotes Grigliati, Cuori Di Carciofi E Melanzane

ingredienti

½ tazza di mais per bambini in scatola

½ tazza di cuori di carciofi in scatola

2 melanzane grandi, affettate nel senso della lunghezza e tagliate a metà

ingredienti del condimento

6 cucchiai di olio d'oliva

sale marino, a piacere

3 cucchiai di aceto di vino bianco

1 cucchiaino di maionese senza uova

Marinare le verdure con il condimento o gli ingredienti della marinata da 15 a 30 min.

Grigliare per 4 minuti a fuoco medio o fino a quando le verdure sono tenere.

Carotine e Cipolla Rossa Grigliate

ingredienti

½ tazza di carote baby

2 zucchine grandi, tagliate longitudinalmente a fette di ½ pollice

2 cipolle rosse grandi, tagliate ad anelli da ½ pollice ma non separate in singoli anelli

ingredienti del condimento

6 cucchiai di olio extravergine di oliva

sale marino, a piacere

3 cucchiai di aceto balsamico

1 cucchiaino di senape di Digione

Marinare le verdure con il condimento o gli ingredienti della marinata da 15 a 30 min.

Grigliare per 4 minuti a fuoco medio o fino a quando le verdure sono tenere.

Asparagi Grigliati Con Broccolini E Funghi Portobello

ingredienti

10 cimette di broccolini

10 pezzi Asparagi

Trippa, tagliata per il lungo

5 pezzi di funghi Portobello, sciacquati e scolati

ingredienti del condimento

6 cucchiai di olio di sesamo

sale marino, a piacere

3 cucchiai di aceto bianco distillato

1 cucchiaino di maionese senza uova

Marinare le verdure con il condimento o gli ingredienti della marinata da 15 a 30 min.

Grigliare per 4 minuti a fuoco medio o fino a quando le verdure sono tenere.

Cuori Di Carciofi Alla Griglia

ingredienti

1 tazza di cuori di carciofi in scatola

2 cipolle rosse grandi, tagliate ad anelli da ½ pollice ma non separate in singoli anelli

ingredienti del condimento

6 cucchiai di olio d'oliva

sale marino, a piacere

3 cucchiai di aceto di vino bianco

1 cucchiaino di senape inglese

Marinare le verdure con il condimento o gli ingredienti della marinata da 15 a 30 min.

Grigliare per 4 minuti a fuoco medio o fino a quando le verdure sono tenere.

Carotine e funghi grigliati

ingredienti

10 pezzi di carotine

1 tazza di funghi in scatola

ingredienti del condimento

6 cucchiai di olio d'oliva

sale marino, a piacere

3 cucchiai di aceto di vino bianco

1 cucchiaino di maionese senza uova

Marinare le verdure con il condimento o gli ingredienti della marinata da 15 a 30 min.

Grigliare per 4 minuti a fuoco medio o fino a quando le verdure sono tenere.

Cuori di carciofi e asparagi grigliati

ingredienti

½ tazza di cuori di carciofi in scatola

10 cimette di broccolini

10 pezzi Asparagi

ingredienti del condimento

6 cucchiai di olio extravergine di oliva

sale marino, a piacere

3 cucchiai di aceto di mele

1 cucchiaio. Miele

1 cucchiaino di maionese senza uova

Marinare le verdure con il condimento o gli ingredienti della marinata da 15 a 30 min.

Grigliare per 4 minuti a fuoco medio o fino a quando le verdure sono tenere.

zucchine grigliate

ingredienti

2 zucchine grandi, tagliate longitudinalmente a fette di ½ pollice

ingredienti del condimento

6 cucchiai di olio d'oliva

sale marino, a piacere

3 cucchiai di aceto di vino bianco

1 cucchiaino di maionese senza uova

Marinare le verdure con il condimento o gli ingredienti della marinata da 15 a 30 min.

Grigliare per 4 minuti a fuoco medio o fino a quando le verdure sono tenere.

Melanzane grigliate con glassa all'aceto balsamico

ingredienti

2 melanzane grandi, affettate nel senso della lunghezza e tagliate a metà

ingredienti del condimento

6 cucchiai di olio extravergine di oliva

sale marino, a piacere

3 cucchiai di aceto balsamico

1 cucchiaino di senape di Digione

Marinare le verdure con il condimento o gli ingredienti della marinata da 15 a 30 min.

Grigliare per 4 minuti a fuoco medio o fino a quando le verdure sono tenere.

Lattuga romana e pomodori alla griglia

ingredienti

10 cimette di broccolini

10 pezzi di cavoletti di Bruxelles

10 pezzi Asparagi

1 mazzetto di foglie di lattuga romana

2 carote medie, affettate nel senso della lunghezza e tagliate a metà

4 pomodori grandi, a fette spesse

Ingredienti del condimento:

6 cucchiai di olio extravergine di oliva

1 cucchiaino di cipolla in polvere

sale marino, a piacere

3 cucchiai di aceto bianco distillato

1 cucchiaino di senape di Digione

Unire bene tutti gli ingredienti del condimento.

Preriscalda la griglia a fuoco basso e ungi le griglie.

Grigliare le verdure per 12 minuti per lato, finché sono tenere, girandole una volta.

Spennellare con gli ingredienti della marinata/condimento

Zucchine e peperoni grigliati

ingredienti

Zucchine da 1 libbra, tagliate longitudinalmente in bastoncini più corti

1 chilo di peperoni verdi, tagliati a strisce larghe

1 cipolla rossa grande, tagliata a fette spesse 1/2 pollice

1/3 di tazza di prezzemolo o basilico italiano, tritato finemente

ingredienti del condimento

6 cucchiai di olio d'oliva

1 cucchiaino di aglio in polvere

1 cucchiaino di cipolla in polvere

sale marino, a piacere

3 cucchiai di aceto di vino bianco

1 cucchiaino di senape inglese

Unire bene tutti gli ingredienti del condimento.

Preriscalda la griglia a fuoco basso e ungi le griglie.

Grigliare le verdure per 12 minuti per lato, finché sono tenere, girandole una volta.

Spennellare con gli ingredienti della marinata/condimento

Melanzane grigliate e cipolla rossa

ingredienti

1 libbra di melanzane, tagliate longitudinalmente in bastoncini più corti

1 chilo di peperoni verdi, tagliati a strisce larghe

1 cipolla rossa grande, tagliata a fette spesse 1/2 pollice

1/3 di tazza di prezzemolo o basilico italiano, tritato finemente

Ingredienti del condimento:

6 cucchiai di olio extravergine di oliva

1 cucchiaino di cipolla in polvere

sale marino, a piacere

3 cucchiai di aceto bianco distillato

1 cucchiaino di senape di Digione

Unire bene tutti gli ingredienti del condimento.

Preriscalda la griglia a fuoco basso e ungi le griglie.

Grigliare le verdure per 12 minuti per lato, finché sono tenere, girandole una volta.

Spennellare con gli ingredienti della marinata/condimento

Asparagi Alla Griglia Cavolini Di Bruxelles Cimette Di Broccolini

ingredienti

10 pezzi Asparagi

1 mazzetto di foglie di lattuga romana

10 cimette di broccolini

10 pezzi di cavoletti di Bruxelles

2 carote medie, affettate nel senso della lunghezza e tagliate a metà

4 pomodori grandi, a fette spesse

ingredienti del condimento

6 cucchiai di olio d'oliva

3 gocce di salsa piccante Tabasco

sale marino, a piacere

3 cucchiai di aceto di vino bianco

1 cucchiaino di maionese senza uova

Unire bene tutti gli ingredienti del condimento.

Preriscalda la griglia a fuoco basso e ungi le griglie.

Grigliare le verdure per 12 minuti per lato, finché sono tenere, girandole una volta.

Spennellare con gli ingredienti della marinata/condimento

Zucchine Grigliate Con Glassa Di Sidro Di Mele Al Miele

ingredienti

Zucchine da 1 libbra, tagliate longitudinalmente in bastoncini più corti

1 chilo di peperoni verdi, tagliati a strisce larghe

1 cipolla rossa grande, tagliata a fette spesse 1/2 pollice

1/3 di tazza di prezzemolo o basilico italiano, tritato finemente

ingredienti del condimento

6 cucchiai di olio extravergine di oliva

sale marino, a piacere

3 cucchiai di aceto di mele

1 cucchiaio. Miele

1 cucchiaino di maionese senza uova

Unire bene tutti gli ingredienti del condimento.

Preriscalda la griglia a fuoco basso e ungi le griglie.

Grigliare le verdure per 12 minuti per lato, finché sono tenere, girandole una volta.

Spennellare con gli ingredienti della marinata/condimento

Cuori di Carciofi e Zucchine Grigliati con Cipolla Rossa

ingredienti

Zucchine da 1/2 libbra, tagliate longitudinalmente in bastoncini più corti

½ tazza di cuori di carciofi in scatola

1 chilo di peperoni verdi, tagliati a strisce larghe

1 cipolla rossa grande, tagliata a fette spesse 1/2 pollice

1/3 di tazza di prezzemolo o basilico italiano, tritato finemente

ingredienti del condimento

6 cucchiai di olio extravergine di oliva

sale marino, a piacere

3 cucchiai di aceto balsamico

1 cucchiaino di senape di Digione

Unire bene tutti gli ingredienti del condimento.

Preriscalda la griglia a fuoco basso e ungi le griglie.

Grigliare le verdure per 12 minuti per lato, finché sono tenere, girandole una volta.

Spennellare con gli ingredienti della marinata/condimento

Zucchine Grigliate e Cimette Di Broccolini

ingredienti

Zucchine da 1 libbra, tagliate longitudinalmente in bastoncini più corti

1 chilo di peperoni verdi, tagliati a strisce larghe

10 cimette di broccolini

10 pezzi di cavoletti di Bruxelles

1 cipolla rossa grande, tagliata a fette spesse 1/2 pollice

1/3 di tazza di prezzemolo o basilico italiano, tritato finemente

ingredienti del condimento

6 cucchiai di olio d'oliva

1 cucchiaino di aglio in polvere

1 cucchiaino di cipolla in polvere

sale marino, a piacere

3 cucchiai di aceto di vino bianco

1 cucchiaino di senape inglese

Unire bene tutti gli ingredienti del condimento.

Preriscalda la griglia a fuoco basso e ungi le griglie.

Grigliare le verdure per 12 minuti per lato, finché sono tenere, girandole una volta.

Spennellare con gli ingredienti della marinata/condimento

Insalata tailandese con lattuga e arachidi

Ingredienti:
8 once di formaggio vegano
Da 6 a 7 tazze di lattuga al burro, 3 mazzi, tagliati
1/4 di cetriolo, dimezzato nel senso della lunghezza, poi affettato sottilmente
3 cucchiai di erba cipollina tritata
16 pomodorini
1/2 tazza di arachidi
1/4 di cipolla bianca, affettata
Sale e pepe a piacere

Bendare
1 scalogno piccolo, tritato
2 cucchiai di aceto bianco distillato
1/4 tazza di olio di semi di sesamo
1 cucchiaio. Salsa di peperoncino all'aglio tailandese

Compiti a casa
Unire tutti gli ingredienti del condimento in un robot da cucina.

Mescolare con il resto degli ingredienti e amalgamare bene.

Insalata di lattuga, erba cipollina e pistacchio

Ingredienti:

7 tazze di lattuga sfusa, 3 mazzi, strappati

1/4 di cetriolo europeo o senza semi, dimezzato nel senso della lunghezza e poi affettato sottilmente

3 cucchiai di erba cipollina tritata o tritata

16 uve

1/2 tazza di pistacchi

1/4 cipolla, affettata

Sale e pepe a piacere

6 once di formaggio vegano

Bendare

1 rametto di prezzemolo tritato

1 cucchiaio di aceto bianco distillato

1/4 di limone, spremuto, circa 2 cucchiaini

1/4 di tazza di olio extra vergine di oliva

Compiti a casa

Unire tutti gli ingredienti del condimento in un robot da cucina.

Mescolare con il resto degli ingredienti e amalgamare bene.

Insalata di lattuga, mandorle e formaggio cremoso vegano

Ingredienti:

7 tazze di lattuga frisee, 3 mazzi, tagliati

½ cetriolo, tagliato a metà nel senso della lunghezza, poi a fettine sottili

3 cucchiai di erba cipollina tritata o tritata

16 pomodorini

1/2 tazza di mandorle affettate

1/4 di cipolla rossa, affettata

Sale e pepe a piacere

7 once di crema di formaggio vegano

Bendare

1 scalogno piccolo, tritato

1 cucchiaio di aceto bianco distillato

1/4 di limone, spremuto, circa 2 cucchiaini

1/4 di tazza di olio extra vergine di oliva

1 cucchiaio. Salsa chimichurri

Compiti a casa

Unire tutti gli ingredienti del condimento in un robot da cucina.

Mescolare con il resto degli ingredienti e amalgamare bene.

Insalata Di Lattuga Boston E Pomodoro d

Ingredienti:

Da 6 a 7 tazze di lattuga Boston, 3 mazzi, strappati

1/4 di cetriolo, dimezzato nel senso della lunghezza, poi affettato sottilmente

3 cucchiai di erba cipollina tritata o tritata

16 pomodorini

1/2 tazza di mandorle affettate

1/4 di cipolla rossa, affettata

Sale e pepe a piacere

5 once di formaggio vegano

Bendare

1 rametto di prezzemolo tritato

1 cucchiaio di aceto bianco distillato

1/4 di limone, spremuto, circa 2 cucchiaini

1/4 di tazza di olio extra vergine di oliva

Compiti a casa

Unire tutti gli ingredienti del condimento in un robot da cucina.

Mescolare con il resto degli ingredienti e amalgamare bene.

Lattuga e pomodoro con vinaigrette al coriandolo

Ingredienti:

Da 6 a 7 tazze di lattuga iceberg, 3 mazzi, tagliati

1/4 di cetriolo, dimezzato nel senso della lunghezza, poi affettato sottilmente

3 cucchiai di erba cipollina tritata o tritata

16 pomodorini

1/2 tazza di mandorle affettate

1/4 di cipolla bianca, affettata

Sale e pepe a piacere

8 once di formaggio vegano

Bendare

1 rametto di coriandolo, tritato

1 cucchiaio di aceto bianco distillato

1/4 di limone, spremuto, circa 2 cucchiaini

1/4 di tazza di olio extra vergine di oliva

Compiti a casa

Unire tutti gli ingredienti del condimento in un robot da cucina.

Mescolare con il resto degli ingredienti e amalgamare bene.

Verdure Miste E Insalata Di Mandorle

Ingredienti:

7 tazze mesclun, 3 confezioni, rifilate

1/4 di cetriolo, dimezzato nel senso della lunghezza, poi affettato sottilmente

3 cucchiai di erba cipollina tritata o tritata

16 pomodorini

1/2 tazza di mandorle affettate

1/4 di cipolla bianca, affettata

Sale e pepe a piacere

8 once di formaggio vegano

Bendare

1 cucchiaio di aceto bianco distillato

1/4 di limone, spremuto, circa 2 cucchiaini

1/4 di tazza di olio extra vergine di oliva

1 cucchiaino di senape inglese

Compiti a casa

Unire tutti gli ingredienti del condimento in un robot da cucina.

Mescolare con il resto degli ingredienti e amalgamare bene.

Insalata vegana di cerfoglio e ricotta

Ingredienti:

Da 6 a 7 tazze di cerfoglio, 3 mazzi, tagliati

1/4 di cetriolo, dimezzato nel senso della lunghezza, poi affettato sottilmente

16 uve

1/2 tazza di mandorle affettate

1/4 di cipolla bianca, affettata

Sale e pepe a piacere

8 once ricotta tofu (tofitti)

Bendare

1 cucchiaio di aceto bianco distillato

1/4 di limone, spremuto, circa 2 cucchiaini

1/4 di tazza di olio extra vergine di oliva

1 cucchiaio. Salsa chimichurri

Compiti a casa

Unire tutti gli ingredienti del condimento in un robot da cucina.

Mescolare con il resto degli ingredienti e amalgamare bene.

Bib Lattuce Insalata Di Noci Con Parmigiano Vegano

Ingredienti:

Da 6 a 7 tazze di lattuga, 3 mazzi, strappati

1/4 di cetriolo, dimezzato nel senso della lunghezza, poi affettato sottilmente

3 cucchiai di erba cipollina tritata o tritata

16 tomatillos, tagliati a metà

1/2 tazza di noci

1/4 di cipolla rossa, affettata

Sale e pepe a piacere

Parmigiano Reggiano Vegano (Angel's Food)

Bendare

1 cucchiaio di aceto bianco distillato

1/4 di limone, spremuto, circa 2 cucchiaini

1/4 di tazza di olio extra vergine di oliva

1 cucchiaino di maionese senza uova

Compiti a casa

Unire tutti gli ingredienti del condimento in un robot da cucina.

Mescolare con il resto degli ingredienti e amalgamare bene.

Indivia Tomatillo Lattuga E Insalata Di Ricotta Vegana

Ingredienti:

Da 6 a 7 tazze di lattuga indivia, 3 mazzi, strappati

1/4 di cetriolo, dimezzato nel senso della lunghezza, poi affettato sottilmente

3 cucchiai di erba cipollina tritata o tritata

16 tomatilli verdi, tagliati a metà

1/2 tazza di mandorle affettate

1/4 di cipolla bianca, affettata

Sale e pepe a piacere

8 once ricotta tofu (tofitti)

Bendare

1 cucchiaio di aceto bianco distillato

1/4 di limone, spremuto, circa 2 cucchiaini

1/4 di tazza di olio extra vergine di oliva

1 cucchiaino di senape di Digione

Compiti a casa

Unire tutti gli ingredienti del condimento in un robot da cucina.

Mescolare con il resto degli ingredienti e amalgamare bene.

Insalata vegana di pomodori e parmigiano

Ingredienti:

Da 6 a 7 tazze di lattuga riccia, 3 mazzi, strappati

1/4 di cetriolo, dimezzato nel senso della lunghezza, poi affettato sottilmente

3 cucchiai di erba cipollina tritata o tritata

16 pomodorini

1/2 tazza di mandorle affettate

1/4 di cipolla bianca, affettata

Sale e pepe a piacere

Parmigiano Reggiano Vegano (Angel's Food)

Bendare

1 rametto di coriandolo, tritato

1 cucchiaio di aceto bianco distillato

1/4 di limone, spremuto, circa 2 cucchiaini

1/4 di tazza di olio extra vergine di oliva

1 cucchiaino di maionese senza uova

Compiti a casa

Unire tutti gli ingredienti del condimento in un robot da cucina.

Mescolare con il resto degli ingredienti e amalgamare bene.

Tomatillos di spinaci e insalata di mandorle

Ingredienti:

Da 6 a 7 tazze di lattuga di spinaci, 3 mazzi, tritati

1/4 di cetriolo, dimezzato nel senso della lunghezza, poi affettato sottilmente

3 cucchiai di erba cipollina tritata o tritata

16 tomatillos, tagliati a metà

1/2 tazza di mandorle affettate

1/4 di cipolla bianca, affettata

Sale e pepe a piacere

8 once di formaggio vegano

Bendare

1 rametto di coriandolo, tritato

1 cucchiaio di aceto bianco distillato

1/4 di limone, spremuto, circa 2 cucchiaini

1/4 di tazza di olio extra vergine di oliva

1 cucchiaino di senape inglese

Compiti a casa

Unire tutti gli ingredienti del condimento in un robot da cucina.

Mescolare con il resto degli ingredienti e amalgamare bene.

Insalata di pomodori e mandorle

Ingredienti:
Da 6 a 7 tazze di cavolo, 3 confezioni, tritate

1/4 di cetriolo, dimezzato nel senso della lunghezza, poi affettato sottilmente

3 cucchiai di erba cipollina tritata o tritata

16 pomodorini

1/2 tazza di mandorle affettate

1/4 di cipolla bianca, affettata

Sale e pepe a piacere

8 once di formaggio vegano

Bendare
1 rametto di coriandolo, tritato

1 cucchiaio di aceto bianco distillato

1/4 di limone, spremuto, circa 2 cucchiaini

1/4 di tazza di olio extra vergine di oliva

1 cucchiaino di senape inglese

Compiti a casa
Unire tutti gli ingredienti del condimento in un robot da cucina.

Mescolare con il resto degli ingredienti e amalgamare bene.

Insalata Mista Ricotta Vegana E Mandorle Verdi

Ingredienti:

Da 6 a 7 tazze mesclun, 3 confezioni, rifilate

1/4 di cetriolo, dimezzato nel senso della lunghezza, poi affettato sottilmente

3 cucchiai di erba cipollina tritata o tritata

16 tomatilli verdi, tagliati a metà

1/2 tazza di mandorle affettate

1/4 di cipolla bianca, affettata

Sale e pepe a piacere

8 once ricotta tofu (tofitti)

Bendare

1 cucchiaio di aceto bianco distillato

1/4 di limone, spremuto, circa 2 cucchiaini

1/4 di tazza di olio extra vergine di oliva

1 cucchiaino di senape di Digione

Compiti a casa

Unire tutti gli ingredienti del condimento in un robot da cucina.

Mescolare con il resto degli ingredienti e amalgamare bene.

Insalata di indivia, pomodoro e mandorle

Ingredienti:
Indivia da 6 a 7 tazze, 3 mazzi, tagliata
1/4 di cetriolo, dimezzato nel senso della lunghezza, poi affettato sottilmente
3 cucchiai di erba cipollina tritata o tritata
16 pomodorini
1/2 tazza di mandorle affettate
1/4 di cipolla bianca, affettata
Sale e pepe a piacere
Parmigiano Reggiano Vegano (Angel's Food)

Bendare
1 rametto di coriandolo, tritato
1 cucchiaio di aceto bianco distillato
1/4 di limone, spremuto, circa 2 cucchiaini
1/4 di tazza di olio extra vergine di oliva
1 cucchiaino di senape inglese

Compiti a casa
Unire tutti gli ingredienti del condimento in un robot da cucina.

Mescolare con il resto degli ingredienti e amalgamare bene.

Kale Tomatillo E Insalata Di Mandorle

Ingredienti:

Da 6 a 7 tazze di cavolo, 3 confezioni, tritate

1/4 di cetriolo, dimezzato nel senso della lunghezza, poi affettato sottilmente

3 cucchiai di erba cipollina tritata o tritata

16 tomatillos, tagliati a metà

1/2 tazza di mandorle affettate

1/4 di cipolla bianca, affettata

Sale e pepe a piacere

8 once ricotta tofu (tofitti)

Bendare

1 cucchiaio di aceto bianco distillato

1/4 di limone, spremuto, circa 2 cucchiaini

1/4 di tazza di olio extra vergine di oliva

1 cucchiaino di maionese senza uova

Compiti a casa

Unire tutti gli ingredienti del condimento in un robot da cucina.

Mescolare con il resto degli ingredienti e amalgamare bene.

Insalata Di Mandorle E Scarole Di Pomodoro

Ingredienti:

Indivia da 6 a 7 tazze, 3 confezioni, rifilate

1/4 di cetriolo, dimezzato nel senso della lunghezza, poi affettato sottilmente

3 cucchiai di erba cipollina tritata o tritata

16 pomodorini

1/2 tazza di mandorle affettate

1/4 di cipolla bianca, affettata

Sale e pepe a piacere

8 once di formaggio vegano

Bendare

1 rametto di coriandolo, tritato

1 cucchiaio di aceto bianco distillato

1/4 di limone, spremuto, circa 2 cucchiaini

1/4 di tazza di olio extra vergine di oliva

1 cucchiaino di senape inglese

Compiti a casa

Unire tutti gli ingredienti del condimento in un robot da cucina.

Mescolare con il resto degli ingredienti e amalgamare bene.

Indivia Tomatillo E Insalata Di Mandorle

Ingredienti:

Indivia da 6 a 7 tazze, 3 mazzi, tagliata

1/4 di cetriolo, dimezzato nel senso della lunghezza, poi affettato sottilmente

3 cucchiai di erba cipollina tritata o tritata

16 tomatillos, tagliati a metà

1/2 tazza di mandorle affettate

1/4 di cipolla bianca, affettata

Sale e pepe a piacere

Parmigiano Reggiano Vegano (Angel's Food)

Bendare

1 cucchiaio di aceto bianco distillato

1/4 di limone, spremuto, circa 2 cucchiaini

1/4 di tazza di olio extra vergine di oliva

1 cucchiaino di senape di Digione

Compiti a casa

Unire tutti gli ingredienti del condimento in un robot da cucina.

Mescolare con il resto degli ingredienti e amalgamare bene.

Bib Lattuga Mandorla E Insalata Di Pomodorini

Ingredienti:
Da 6 a 7 tazze di lattuga, 3 mazzi, strappati

1/4 di cetriolo, dimezzato nel senso della lunghezza, poi affettato sottilmente

3 cucchiai di erba cipollina tritata o tritata

16 pomodorini

1/2 tazza di mandorle affettate

1/4 di cipolla bianca, affettata

Sale e pepe a piacere

8 once ricotta tofu (tofitti)

Bendare
1 rametto di coriandolo, tritato

1 cucchiaio di aceto bianco distillato

1/4 di limone, spremuto, circa 2 cucchiaini

1/4 di tazza di olio extra vergine di oliva

1 cucchiaino di senape inglese

Compiti a casa
Unire tutti gli ingredienti del condimento in un robot da cucina.

Mescolare con il resto degli ingredienti e amalgamare bene.

Tomatillos di spinaci e insalata di parmigiano vegano

Ingredienti:
Da 6 a 7 tazze di lattuga di spinaci, 3 mazzi, tritati

1/4 di cetriolo, dimezzato nel senso della lunghezza, poi affettato sottilmente

3 cucchiai di erba cipollina tritata o tritata

16 tomatillos, tagliati a metà

1/2 tazza di mandorle affettate

1/4 di cipolla bianca, affettata

Sale e pepe a piacere

Parmigiano Reggiano Vegano (Angel's Food)

Bendare
1 rametto di coriandolo, tritato

1 cucchiaio di aceto bianco distillato

1/4 di limone, spremuto, circa 2 cucchiaini

1/4 di tazza di olio extra vergine di oliva

1 cucchiaino di maionese senza uova

Compiti a casa
Unire tutti gli ingredienti del condimento in un robot da cucina.

Mescolare con il resto degli ingredienti e amalgamare bene.

Insalata Vegana Di Parmigiano E Pomodoro Kale

Ingredienti:

Da 6 a 7 tazze di lattuga riccia, 3 mazzi, strappati

1/4 di cetriolo, dimezzato nel senso della lunghezza, poi affettato sottilmente

3 cucchiai di erba cipollina tritata o tritata

16 pomodorini

1/2 tazza di mandorle affettate

1/4 di cipolla bianca, affettata

Sale e pepe a piacere

Parmigiano Reggiano Vegano (Angel's Food)

Bendare

1 rametto di coriandolo, tritato

1 cucchiaio di aceto bianco distillato

1/4 di limone, spremuto, circa 2 cucchiaini

1/4 di tazza di olio extra vergine di oliva

1 cucchiaino di senape inglese

Compiti a casa

Unire tutti gli ingredienti del condimento in un robot da cucina.

Mescolare con il resto degli ingredienti e amalgamare bene.

Insalata Vegana Di Verdure Miste Tomatillo E Ricotta

Ingredienti:

Da 6 a 7 tazze mesclun, 3 confezioni, rifilate

1/4 di cetriolo, dimezzato nel senso della lunghezza, poi affettato sottilmente

3 cucchiai di erba cipollina tritata o tritata

16 tomatilli verdi, tagliati a metà

1/2 tazza di mandorle affettate

1/4 di cipolla bianca, affettata

Sale e pepe a piacere

8 once ricotta tofu (tofitti)

Bendare

1 rametto di coriandolo, tritato

1 cucchiaio di aceto bianco distillato

1/4 di limone, spremuto, circa 2 cucchiaini

1/4 di tazza di olio extra vergine di oliva

Compiti a casa

Unire tutti gli ingredienti del condimento in un robot da cucina.

Mescolare con il resto degli ingredienti e amalgamare bene.

Insalata Di Scarole Di Mandorle E Ricotta Vegana

Ingredienti:

Indivia da 6 a 7 tazze, 3 confezioni, rifilate
1/4 di cetriolo, dimezzato nel senso della lunghezza, poi affettato sottilmente
3 cucchiai di erba cipollina tritata o tritata
16 tomatillos, tagliati a metà
1/2 tazza di mandorle affettate
1/4 di cipolla bianca, affettata
Sale e pepe a piacere
8 once ricotta tofu (tofitti)

Bendare

1 cucchiaio di aceto bianco distillato
1/4 di limone, spremuto, circa 2 cucchiaini
1/4 di tazza di olio extra vergine di oliva
1 cucchiaino di senape di Digione

Compiti a casa

Unire tutti gli ingredienti del condimento in un robot da cucina.

Mescolare con il resto degli ingredienti e amalgamare bene.

Insalata di indivia, pomodoro e mandorle

Ingredienti:

Indivia da 6 a 7 tazze, 3 mazzi, tagliata

1/4 di cetriolo, dimezzato nel senso della lunghezza, poi affettato sottilmente

3 cucchiai di erba cipollina tritata o tritata

16 pomodorini

1/2 tazza di mandorle affettate

1/4 di cipolla bianca, affettata

Sale e pepe a piacere

8 once di formaggio vegano

Bendare

1 rametto di coriandolo, tritato

1 cucchiaio di aceto bianco distillato

1/4 di limone, spremuto, circa 2 cucchiaini

1/4 di tazza di olio extra vergine di oliva

1 cucchiaino di maionese senza uova

Compiti a casa

Unire tutti gli ingredienti del condimento in un robot da cucina.

Mescolare con il resto degli ingredienti e amalgamare bene.

Insalata di spinaci, zucchine e mandorle

Ingredienti:

Da 6 a 7 tazze di spinaci, 3 mazzi, tritati

¼ di zucchine, tagliate a metà nel senso della lunghezza, poi a fettine sottili

3 cucchiai di erba cipollina tritata o tritata

16 pomodorini

1/2 tazza di mandorle affettate

1/4 di cipolla bianca, affettata

Sale e pepe a piacere

8 once di formaggio vegano

Bendare

1 cucchiaio di aceto bianco distillato

1/4 di limone, spremuto, circa 2 cucchiaini

1/4 di tazza di olio extra vergine di oliva

1 cucchiaino di pesto

Compiti a casa

Unire tutti gli ingredienti del condimento in un robot da cucina.

Mescolare con il resto degli ingredienti e amalgamare bene.

Insalata di cavoli, cetrioli, tomatillo e ricotta di tofu

Ingredienti:

Da 6 a 7 tazze di cavolo, 3 confezioni, tritate

1/4 di cetriolo, dimezzato nel senso della lunghezza, poi affettato sottilmente

3 cucchiai di erba cipollina tritata o tritata

16 tomatilli verdi, tagliati a metà

1/2 tazza di mandorle affettate

1/4 di cipolla bianca, affettata

Sale e pepe a piacere

8 once ricotta tofu (tofitti)

Bendare

1 rametto di coriandolo, tritato

1 cucchiaio di aceto bianco distillato

1/4 di limone, spremuto, circa 2 cucchiaini

1/4 di tazza di olio extra vergine di oliva

1 cucchiaino di senape inglese

Compiti a casa

Unire tutti gli ingredienti del condimento in un robot da cucina.

Mescolare con il resto degli ingredienti e amalgamare bene.

Insalata Di Verdure Miste, Mandorle E Ricotta Di Tofu

Ingredienti:

Da 6 a 7 tazze mesclun, 3 confezioni, rifilate

1/4 di cetriolo, dimezzato nel senso della lunghezza, poi affettato sottilmente

3 cucchiai di erba cipollina tritata o tritata

16 tomatillos, tagliati a metà

1/2 tazza di mandorle affettate

1/4 di cipolla bianca, affettata

Sale e pepe a piacere

8 once ricotta tofu (tofitti)

Bendare

1 rametto di coriandolo, tritato

1 cucchiaio di aceto bianco distillato

1/4 di limone, spremuto, circa 2 cucchiaini

1/4 di tazza di olio extra vergine di oliva

1 cucchiaino di maionese senza uova

Compiti a casa

Unire tutti gli ingredienti del condimento in un robot da cucina.

Mescolare con il resto degli ingredienti e amalgamare bene.

Insalata Vegana Di Parmigiano E Pomodoro Kale

Ingredienti:
Da 6 a 7 tazze di cavolo, 3 confezioni, tritate
1/4 di cetriolo, dimezzato nel senso della lunghezza, poi affettato sottilmente
3 cucchiai di erba cipollina tritata o tritata
16 pomodorini
1/2 tazza di mandorle affettate
1/4 di cipolla bianca, affettata
Sale e pepe a piacere
Parmigiano Reggiano Vegano (Angel's Food)

Bendare
1 rametto di coriandolo, tritato
1 cucchiaio di aceto bianco distillato
1/4 di limone, spremuto, circa 2 cucchiaini
1/4 di tazza di olio extra vergine di oliva
1 cucchiaino di senape inglese

Compiti a casa
Unire tutti gli ingredienti del condimento in un robot da cucina.

Mescolare con il resto degli ingredienti e amalgamare bene.

Insalata Vegana Di Pomodori Al Cerfoglio Al Parmigiano

Ingredienti:
Da 6 a 7 tazze di cerfoglio, 3 mazzi, tagliati
1/4 di cetriolo, dimezzato nel senso della lunghezza, poi affettato sottilmente
3 cucchiai di erba cipollina tritata o tritata
16 pomodorini
1/2 tazza di mandorle affettate
1/4 di cipolla bianca, affettata
Sale e pepe a piacere
Parmigiano Reggiano Vegano (Angel's Food)

Bendare
1 rametto di coriandolo, tritato
1 cucchiaio di aceto bianco distillato
1/4 di limone, spremuto, circa 2 cucchiaini
1/4 di tazza di olio extra vergine di oliva
1 cucchiaino di senape inglese

Compiti a casa
Unire tutti gli ingredienti del condimento in un robot da cucina.

Mescolare con il resto degli ingredienti e amalgamare bene.

Bib Lattuga Tomatillo E Insalata Di Ricotta Di Tofu

Ingredienti:

Da 6 a 7 tazze di lattuga, 3 mazzi, strappati

1/4 di cetriolo, dimezzato nel senso della lunghezza, poi affettato sottilmente

3 cucchiai di erba cipollina tritata o tritata

16 tomatilli verdi, tagliati a metà

1/2 tazza di mandorle affettate

1/4 di cipolla bianca, affettata

Sale e pepe a piacere

8 once ricotta tofu (tofitti)

Bendare

1 rametto di coriandolo, tritato

1 cucchiaio di aceto bianco distillato

1/4 di limone, spremuto, circa 2 cucchiaini

1/4 di tazza di olio extra vergine di oliva

1 cucchiaino di maionese senza uova

Compiti a casa

Unire tutti gli ingredienti del condimento in un robot da cucina.

Mescolare con il resto degli ingredienti e amalgamare bene.

Insalata di spinaci, pomodori e mandorle

Ingredienti:

Da 6 a 7 tazze di spinaci, 3 mazzi, tritati

1/4 di cetriolo, dimezzato nel senso della lunghezza, poi affettato sottilmente

3 cucchiai di erba cipollina tritata o tritata

16 pomodorini

1/2 tazza di mandorle affettate

1/4 di cipolla bianca, affettata

Sale e pepe a piacere

8 once di formaggio vegano

Bendare

1 rametto di coriandolo, tritato

1 cucchiaio di aceto bianco distillato

1/4 di limone, spremuto, circa 2 cucchiaini

1/4 di tazza di olio extra vergine di oliva

1 cucchiaino di senape inglese

Compiti a casa

Unire tutti gli ingredienti del condimento in un robot da cucina.

Mescolare con il resto degli ingredienti e amalgamare bene.

Insalata Vegan Di Parmigiano, Pomodoro E Cavolo Napa

Ingredienti:

Da 6 a 7 tazze di cavolo Napa, 3 mazzi, tagliati

1/4 di cetriolo, dimezzato nel senso della lunghezza, poi affettato sottilmente

3 cucchiai di erba cipollina tritata o tritata

16 tomatillos, tagliati a metà

1/2 tazza di mandorle affettate

1/4 di cipolla bianca, affettata

Sale e pepe a piacere

Parmigiano Reggiano Vegano (Angel's Food)

Bendare

1 rametto di coriandolo, tritato

1 cucchiaio di aceto bianco distillato

1/4 di limone, spremuto, circa 2 cucchiaini

1/4 di tazza di olio extra vergine di oliva

Compiti a casa

Unire tutti gli ingredienti del condimento in un robot da cucina.

Mescolare con il resto degli ingredienti e amalgamare bene.

Insalata di cicoria, tomatillo e mandorle

Ingredienti:
Da 6 a 7 tazze di radicchio, 3 mazzi, tritati

1/4 di cetriolo, dimezzato nel senso della lunghezza, poi affettato sottilmente

3 cucchiai di erba cipollina tritata o tritata

16 tomatilli verdi, tagliati a metà

1/2 tazza di mandorle affettate

1/4 di cipolla bianca, affettata

Sale e pepe a piacere

Parmigiano Reggiano Vegano (Angel's Food)

Bendare
1 rametto di coriandolo, tritato

1 cucchiaio di aceto bianco distillato

1/4 di limone, spremuto, circa 2 cucchiaini

1/4 di tazza di olio extra vergine di oliva

1 cucchiaino di senape inglese

Compiti a casa
Unire tutti gli ingredienti del condimento in un robot da cucina.

Mescolare con il resto degli ingredienti e amalgamare bene.

Tofu Pomodoro Kale e insalata di ricotta

Ingredienti:

Da 6 a 7 tazze di cavolo, 3 confezioni, tritate

1/4 di cetriolo, dimezzato nel senso della lunghezza, poi affettato sottilmente

3 cucchiai di erba cipollina tritata o tritata

16 pomodorini

1/2 tazza di mandorle affettate

1/4 di cipolla bianca, affettata

Sale e pepe a piacere

8 once ricotta tofu (tofitti)

Bendare

1 rametto di coriandolo, tritato

1 cucchiaio di aceto bianco distillato

1/4 di limone, spremuto, circa 2 cucchiaini

1/4 di tazza di olio extra vergine di oliva

1 cucchiaino di maionese senza uova

Compiti a casa

Unire tutti gli ingredienti del condimento in un robot da cucina.

Mescolare con il resto degli ingredienti e amalgamare bene.

Insalata Di Pomodori Con Cavolo Napa E Ricotta Di Tofu

Ingredienti:

Da 6 a 7 tazze di cavolo Napa, 3 mazzi, tagliati

1/4 di cetriolo, dimezzato nel senso della lunghezza, poi affettato sottilmente

3 cucchiai di erba cipollina tritata o tritata

16 pomodorini

1/2 tazza di mandorle affettate

1/4 di cipolla bianca, affettata

Sale e pepe a piacere

8 once ricotta tofu (tofitti)

Bendare

1 rametto di coriandolo, tritato

1 cucchiaio di aceto bianco distillato

1/4 di limone, spremuto, circa 2 cucchiaini

1/4 di tazza di olio extra vergine di oliva

Compiti a casa

Unire tutti gli ingredienti del condimento in un robot da cucina.

Mescolare con il resto degli ingredienti e amalgamare bene.

Insalata di tomatillo con foglie di barbabietola e formaggio vegano

Ingredienti:
Da 6 a 7 tazze di bietole, 3 mazzi, tagliate
1/4 di cetriolo, dimezzato nel senso della lunghezza, poi affettato sottilmente
3 cucchiai di erba cipollina tritata o tritata
16 tomatillos, tagliati a metà
1/2 tazza di mandorle affettate
1/4 di cipolla bianca, affettata
Sale e pepe a piacere
8 once di formaggio vegano

Bendare
1 rametto di coriandolo, tritato
1 cucchiaio di aceto bianco distillato
1/4 di limone, spremuto, circa 2 cucchiaini
1/4 di tazza di olio extra vergine di oliva
1 cucchiaino di senape inglese

Compiti a casa
Unire tutti gli ingredienti del condimento in un robot da cucina.

Mescolare con il resto degli ingredienti e amalgamare bene.

Insalata di lattuga romana super semplice

Ingredienti:

1 testa di lattuga romana, sciacquata, accarezzata e sminuzzata

Bendare

1/2 bicchiere di aceto di vino bianco

1 cucchiaio di olio extravergine di oliva

Pepe nero appena macinato

3/4 di tazza di mandorle tritate finemente

Sale marino

Compiti a casa

Unire tutti gli ingredienti del condimento in un robot da cucina.

Mescolare con il resto degli ingredienti e amalgamare bene.

Insalata di lattuga facile

Ingredienti:
1 cespo di lattuga bib, sciacquata, accarezzata e sminuzzata

Bendare
2 cucchiai. aceto di vino bianco

4 cucchiai di olio di macadamia

Pepe nero appena macinato

3/4 di tazza di arachidi tritate finemente

Sale marino

Compiti a casa

Unire tutti gli ingredienti del condimento in un robot da cucina.

Mescolare con il resto degli ingredienti e amalgamare bene.

Insalata di Boston facile

Ingredienti:

1 testa di lattuga Boston, sciacquata, accarezzata e sminuzzata

Bendare

2 cucchiai. Aceto di mele

4 cucchiai di olio d'oliva

Pepe nero appena macinato

3/4 di tazza di noci tritate finemente

Sale marino

Compiti a casa

Unire tutti gli ingredienti del condimento in un robot da cucina.

Mescolare con il resto degli ingredienti e amalgamare bene.

Insalata di verdure miste facile

Ingredienti:

Una manciata di Mesclun, sciacquata, accarezzata e schiacciata

Bendare

2 cucchiai. Aceto di mele

4 cucchiai di olio d'oliva

Pepe nero appena macinato

3/4 di tazza di nocciole tritate finemente

Sale marino

Compiti a casa

Unire tutti gli ingredienti del condimento in un robot da cucina.

Mescolare con il resto degli ingredienti e amalgamare bene.

Insalata Di Lattuga Bib

Ingredienti:

1 cespo di lattuga bib, sciacquata, accarezzata e sminuzzata

Bendare

2 cucchiai. aceto balsamico

4 cucchiai di olio extravergine di oliva

Pepe nero appena macinato

3/4 di tazza di arachidi tritate finemente

Sale marino

Compiti a casa

Unire tutti gli ingredienti del condimento in un robot da cucina.

Mescolare con il resto degli ingredienti e amalgamare bene.

Insalata di lattuga di Boston con glassa all'aceto balsamico

Ingredienti:

1 testa di lattuga Boston, sciacquata, accarezzata e sminuzzata

Bendare

2 cucchiai. aceto balsamico

4 cucchiai di olio di macadamia

Pepe nero appena macinato

3/4 di tazza di mandorle tritate finemente

Sale marino

Compiti a casa

Unire tutti gli ingredienti del condimento in un robot da cucina.

Mescolare con il resto degli ingredienti e amalgamare bene.

Insalata di indivia semplice

Ingredienti:

1 testa di indivia, sciacquata, accarezzata e sbriciolata

Bendare

2 cucchiai. aceto di vino bianco

4 cucchiai di olio extravergine di oliva

Pepe nero appena macinato

3/4 di tazza di noci tritate finemente

Sale marino

Compiti a casa

Unire tutti gli ingredienti del condimento in un robot da cucina.

Mescolare con il resto degli ingredienti e amalgamare bene.

Insalata Di Verdure Miste

Ingredienti:

Una manciata di Mesclun, sciacquata, accarezzata e schiacciata

Bendare

2 cucchiai. Aceto bianco distillato

4 cucchiai di olio extravergine di oliva

Pepe nero appena macinato

3/4 di tazza di anacardi finemente macinati

Sale marino

Compiti a casa

Unire tutti gli ingredienti del condimento in un robot da cucina.

Mescolare con il resto degli ingredienti e amalgamare bene.

Insalata di lattuga di arachidi di Boston

Ingredienti:

1 testa di lattuga Boston, sciacquata, accarezzata e sminuzzata

Bendare

2 cucchiai. Aceto di mele

4 cucchiai di olio d'oliva

Pepe nero appena macinato

3/4 di tazza di arachidi tritate finemente

Sale marino

Compiti a casa

Unire tutti gli ingredienti del condimento in un robot da cucina.

Mescolare con il resto degli ingredienti e amalgamare bene.

Lattuga Boston con glassa all'aceto balsamico

Ingredienti:

1 testa di lattuga Boston, sciacquata, accarezzata e sminuzzata

Bendare

2 cucchiai. aceto balsamico

4 cucchiai di olio di macadamia

Pepe nero appena macinato

3/4 di tazza di nocciole tritate finemente

Sale marino

Compiti a casa

Unire tutti gli ingredienti del condimento in un robot da cucina.

Mescolare con il resto degli ingredienti e amalgamare bene.

Bavaglino di lattuga con vinaigrette alle noci

Ingredienti:

1 cespo di lattuga bib, sciacquata, accarezzata e sminuzzata

Bendare

2 cucchiai. Aceto bianco distillato

4 cucchiai di olio extravergine di oliva

Pepe nero appena macinato

3/4 di tazza di noci tritate finemente

Sale marino

Compiti a casa

Unire tutti gli ingredienti del condimento in un robot da cucina.

Mescolare con il resto degli ingredienti e amalgamare bene.

Lattuga romana con vinaigrette alla nocciola

Ingredienti:

1 testa di lattuga romana, sciacquata, accarezzata e sminuzzata

Bendare

2 cucchiai. Aceto di mele

4 cucchiai di olio extravergine di oliva

Pepe nero appena macinato

3/4 di tazza di nocciole tritate finemente

Sale marino

Compiti a casa

Unire tutti gli ingredienti del condimento in un robot da cucina.

Mescolare con il resto degli ingredienti e amalgamare bene.

Insalata di verdure miste con vinaigrette alle mandorle

Ingredienti:

Una manciata di Mesclun, sciacquata, accarezzata e schiacciata

Bendare

2 cucchiai. aceto di vino bianco

4 cucchiai di olio d'oliva

Pepe nero appena macinato

3/4 di tazza di mandorle tritate finemente

Sale marino

Compiti a casa

Unire tutti gli ingredienti del condimento in un robot da cucina.

Mescolare con il resto degli ingredienti e amalgamare bene.

Insalata di indivia con arachidi e vinaigrette all'aceto balsamico

Ingredienti:

1 testa di indivia, sciacquata, accarezzata e sbriciolata

Bendare

2 cucchiai. aceto balsamico

4 cucchiai di olio extravergine di oliva

Pepe nero appena macinato

3/4 di tazza di arachidi tritate finemente

Sale marino

Compiti a casa

Unire tutti gli ingredienti del condimento in un robot da cucina.

Mescolare con il resto degli ingredienti e amalgamare bene.

Bib lattuga con vinaigrette di anacardi

Ingredienti:

1 cespo di lattuga bib, sciacquata, accarezzata e sminuzzata

Bendare

2 cucchiai. Aceto bianco distillato

4 cucchiai di olio di macadamia

Pepe nero appena macinato

3/4 di tazza di anacardi finemente macinati

Sale marino

Compiti a casa

Unire tutti gli ingredienti del condimento in un robot da cucina.

Mescolare con il resto degli ingredienti e amalgamare bene.

Insalata di lattuga romana con vinaigrette alle noci

Ingredienti:

1 testa di lattuga romana, sciacquata, accarezzata e sminuzzata

Bendare

2 cucchiai. aceto di vino rosso

1 cucchiaio di olio extravergine di oliva

Pepe nero appena macinato

3/4 di tazza di noci tritate finemente

Sale marino

Compiti a casa

Unire tutti gli ingredienti del condimento in un robot da cucina.

Mescolare con il resto degli ingredienti e amalgamare bene.

Insalata di verdure miste con vinaigrette alle mandorle

Ingredienti:

Una manciata di Mesclun, sciacquata, accarezzata e schiacciata

Bendare

2 cucchiai. aceto balsamico

1 cucchiaio di olio extravergine di oliva

Pepe nero appena macinato

3/4 di tazza di mandorle tritate finemente

Sale marino

Compiti a casa

Unire tutti gli ingredienti del condimento in un robot da cucina.

Mescolare con il resto degli ingredienti e amalgamare bene.

Insalata di lattuga romana con vinaigrette di anacardi

Ingredienti:

1 testa di lattuga romana, sciacquata, accarezzata e sminuzzata

Bendare

2 cucchiai. Aceto di mele

4 cucchiai di olio d'oliva

Pepe nero appena macinato

3/4 di tazza di anacardi finemente macinati

Sale marino

Compiti a casa

Unire tutti gli ingredienti del condimento in un robot da cucina.

Mescolare con il resto degli ingredienti e amalgamare bene.

Insalata di indivia con vinaigrette alla nocciola

Ingredienti:

1 testa di indivia, sciacquata, accarezzata e sbriciolata

Bendare

2 cucchiai. aceto di vino bianco

4 cucchiai di olio extravergine di oliva

Pepe nero appena macinato

3/4 di tazza di nocciole tritate finemente

Sale marino

Compiti a casa

Unire tutti gli ingredienti del condimento in un robot da cucina.

Mescolare con il resto degli ingredienti e amalgamare bene.

Insalata di lattuga bavaglino con vinaigrette di arachidi

Ingredienti:

1 cespo di lattuga bib, sciacquata, accarezzata e sminuzzata

Bendare

2 cucchiai. Aceto bianco distillato

4 cucchiai di olio di macadamia

Pepe nero appena macinato

3/4 di tazza di arachidi tritate finemente

Sale marino

Compiti a casa

Unire tutti gli ingredienti del condimento in un robot da cucina.

Mescolare con il resto degli ingredienti e amalgamare bene.

Insalata Di Lattuga Boston Alla Griglia

Ingredienti:
1 testa di lattuga Boston, sciacquata, accarezzata e sminuzzata

Bendare
2 cucchiai. aceto di vino bianco

4 cucchiai di olio extravergine di oliva

Pepe nero appena macinato

3/4 di tazza di mandorle tritate finemente

Sale marino

Compiti a casa
Grigliare la lattuga e/o le verdure a fuoco medio fino a quando non saranno leggermente carbonizzate.

Unire tutti gli ingredienti del condimento in un robot da cucina.

Mescolare con il resto degli ingredienti e amalgamare bene.

Insalata Di Lattuga Romana Alla Griglia

Ingredienti:

1 testa di lattuga romana, sciacquata, accarezzata e sminuzzata

Bendare

2 cucchiai. aceto balsamico
4 cucchiai di olio extravergine di oliva
Pepe nero appena macinato
3/4 di tazza di arachidi tritate finemente
Sale marino

Compiti a casa

Grigliare la lattuga e/o le verdure a fuoco medio fino a quando non saranno leggermente carbonizzate.

Unire tutti gli ingredienti del condimento in un robot da cucina.

Mescolare con il resto degli ingredienti e amalgamare bene.

Insalata di lattuga romana alla griglia e vinaigrette di anacardi

Ingredienti:
1 testa di lattuga romana, sciacquata, accarezzata e sminuzzata

Bendare
2 cucchiai. aceto di vino rosso

4 cucchiai di olio d'oliva

Pepe nero appena macinato

3/4 di tazza di anacardi finemente macinati

Sale marino

Compiti a casa
Grigliare la lattuga e/o le verdure a fuoco medio fino a quando non saranno leggermente carbonizzate.

Unire tutti gli ingredienti del condimento in un robot da cucina.

Mescolare con il resto degli ingredienti e amalgamare bene.

Insalata Di Lattuga Romana Alla Griglia E Vinaigrette Di Mandorle

Ingredienti:
1 testa di lattuga romana, sciacquata, accarezzata e sminuzzata

Bendare
2 cucchiai. aceto di vino rosso
4 cucchiai di olio extravergine di oliva
Pepe nero appena macinato
3/4 di tazza di mandorle tritate finemente
Sale marino

Compiti a casa
Grigliare la lattuga e/o le verdure a fuoco medio fino a quando non saranno leggermente carbonizzate.

Unire tutti gli ingredienti del condimento in un robot da cucina.

Mescolare con il resto degli ingredienti e amalgamare bene.

Cavolo di Napa alla griglia con vinaigrette di anacardi

Ingredienti:
1 testa di cavolo Napa, sciacquata, accarezzata e sminuzzata

½ tazza di capperi

Bendare
2 cucchiai. aceto balsamico

4 cucchiai di olio di macadamia

Pepe nero appena macinato

3/4 di tazza di anacardi finemente macinati

Sale marino

Compiti a casa
Grigliare la lattuga e/o le verdure a fuoco medio fino a quando non saranno leggermente carbonizzate.

Unire tutti gli ingredienti del condimento in un robot da cucina.

Mescolare con il resto degli ingredienti e amalgamare bene.

Insalata di lattuga Boston alla griglia e vinaigrette di anacardi

Ingredienti:
1 testa di lattuga Boston, sciacquata, accarezzata e sminuzzata

½ tazza di olive verdi

Bendare
2 cucchiai. aceto di vino bianco

4 cucchiai di olio extravergine di oliva

Pepe nero appena macinato

3/4 di tazza di anacardi finemente macinati

Sale marino

Compiti a casa
Grigliare la lattuga e/o le verdure a fuoco medio fino a quando non saranno leggermente carbonizzate.

Unire tutti gli ingredienti del condimento in un robot da cucina.

Mescolare con il resto degli ingredienti e amalgamare bene.

Insalata di lattuga romana alla griglia e olive verdi

Ingredienti:
1 testa di lattuga romana, sciacquata, accarezzata e sminuzzata

½ tazza di olive verdi

Bendare
2 cucchiai. Aceto di mele

4 cucchiai di olio d'oliva

Pepe nero appena macinato

3/4 di tazza di noci tritate finemente

Sale marino

Compiti a casa
Grigliare la lattuga e/o le verdure a fuoco medio fino a quando non saranno leggermente carbonizzate.

Unire tutti gli ingredienti del condimento in un robot da cucina.

Mescolare con il resto degli ingredienti e amalgamare bene.

Insalata Di Lattuga Alla Griglia E Olive Verdi

Ingredienti:

1 cespo di lattuga bib, sciacquata, accarezzata e sminuzzata

½ tazza di olive verdi

Bendare

2 cucchiai. aceto di vino rosso

4 cucchiai di olio extravergine di oliva

Pepe nero appena macinato

3/4 di tazza di mandorle tritate finemente

Sale marino

Compiti a casa

Grigliare la lattuga e/o le verdure a fuoco medio fino a quando non saranno leggermente carbonizzate.

Unire tutti gli ingredienti del condimento in un robot da cucina.

Mescolare con il resto degli ingredienti e amalgamare bene.

Lattuga romana alla griglia e insalata di capperi verdi

Ingredienti:
1 testa di lattuga romana, sciacquata, accarezzata e sminuzzata

½ tazza di capperi verdi

Bendare
2 cucchiai. Aceto di mele

4 cucchiai di olio extravergine di oliva

Pepe nero appena macinato

3/4 di tazza di arachidi tritate finemente

Sale marino

Compiti a casa
Grigliare la lattuga e/o le verdure a fuoco medio fino a quando non saranno leggermente carbonizzate.

Unire tutti gli ingredienti del condimento in un robot da cucina.

Mescolare con il resto degli ingredienti e amalgamare bene.

Insalata di lattuga romana alla griglia e capperi

Ingredienti:
1 testa di lattuga romana, sciacquata, accarezzata e sminuzzata

½ tazza di capperi verdi

Bendare
2 cucchiai. aceto di vino bianco

4 cucchiai di olio extravergine di oliva

Pepe nero appena macinato

3/4 di tazza di noci tritate finemente

Sale marino

Compiti a casa
Grigliare la lattuga e/o le verdure a fuoco medio fino a quando non saranno leggermente carbonizzate.

Unire tutti gli ingredienti del condimento in un robot da cucina.

Mescolare con il resto degli ingredienti e amalgamare bene.

Insalata Di Boston E Olive Nere Arrostite

Ingredienti:
1 testa di lattuga Boston, sciacquata, accarezzata e sminuzzata

½ tazza di olive nere

Bendare
2 cucchiai. aceto balsamico

4 cucchiai di olio di macadamia

Pepe nero appena macinato

3/4 di tazza di anacardi finemente macinati

Sale marino

Compiti a casa
Grigliare la lattuga e/o le verdure a fuoco medio fino a quando non saranno leggermente carbonizzate.

Unire tutti gli ingredienti del condimento in un robot da cucina.

Mescolare con il resto degli ingredienti e amalgamare bene.

Lattuga romana alla griglia e insalata di olive Kalamata

Ingredienti:
1 testa di lattuga romana, sciacquata, accarezzata e sminuzzata

½ tazza di olive Kalamata

Bendare
2 cucchiai. aceto di vino rosso

4 cucchiai di olio d'oliva

Pepe nero appena macinato

3/4 di tazza di mandorle tritate finemente

Sale marino

Compiti a casa
Grigliare la lattuga e/o le verdure a fuoco medio fino a quando non saranno leggermente carbonizzate.

Unire tutti gli ingredienti del condimento in un robot da cucina.

Mescolare con il resto degli ingredienti e amalgamare bene.

Lattuga romana con olive verdi e vinaigrette di arachidi

Ingredienti:

1 testa di lattuga romana, sciacquata, accarezzata e sminuzzata

½ tazza di olive verdi

Bendare

2 cucchiai. Aceto di mele

4 cucchiai di olio extravergine di oliva

Pepe nero appena macinato

3/4 di tazza di arachidi tritate finemente

Sale marino

Compiti a casa

Unire tutti gli ingredienti del condimento in un robot da cucina.

Mescolare con il resto degli ingredienti e amalgamare bene.

Lattuga Romana Capperi E Vinaigrette Di Mandorle

Ingredienti:

1 testa di lattuga romana, sciacquata, accarezzata e sminuzzata

½ tazza di capperi

Bendare

2 cucchiai. Aceto di mele

4 cucchiai di olio extravergine di oliva

Pepe nero appena macinato

3/4 di tazza di mandorle tritate finemente

Sale marino

Compiti a casa

Unire tutti gli ingredienti del condimento in un robot da cucina.

Mescolare con il resto degli ingredienti e amalgamare bene.

Lattuga Boston con cuori di carciofo e vinaigrette di anacardi

Ingredienti:

1 testa di lattuga Boston, sciacquata, accarezzata e sminuzzata

½ tazza di cuori di carciofo

Bendare

2 cucchiai. aceto di vino bianco

4 cucchiai di olio extravergine di oliva

Pepe nero appena macinato

3/4 di tazza di anacardi finemente macinati

Sale marino

Compiti a casa

Unire tutti gli ingredienti del condimento in un robot da cucina.

Mescolare con il resto degli ingredienti e amalgamare bene.

Carciofi e Cuori di Carciofo con Glassa all'Aceto Balsamico

Ingredienti:

1 carciofo, sciacquato e accarezzato

½ tazza di cuori di carciofo

Bendare

2 cucchiai. aceto balsamico

4 cucchiai di olio di macadamia

Pepe nero appena macinato

3/4 di tazza di arachidi tritate finemente

Sale marino

Compiti a casa

Unire tutti gli ingredienti del condimento in un robot da cucina.

Mescolare con il resto degli ingredienti e amalgamare bene.

Carciofi e Olive Verdi con Vinaigrette alle Noci

Ingredienti:

1 carciofo, sciacquato e accarezzato

½ tazza di olive verdi

Bendare

2 cucchiai. aceto di vino rosso

4 cucchiai di olio extravergine di oliva

Pepe nero appena macinato

3/4 di tazza di noci tritate finemente

Sale marino

Compiti a casa

Unire tutti gli ingredienti del condimento in un robot da cucina.

Mescolare con il resto degli ingredienti e amalgamare bene.

Lattuga romana con olive nere e cuori di carciofi

Ingredienti:

1 testa di lattuga romana, sciacquata, accarezzata e sminuzzata

½ tazza di olive nere

½ tazza di cuori di carciofo

Bendare

2 cucchiai. Aceto di mele

4 cucchiai di olio d'oliva

Pepe nero appena macinato

3/4 di tazza di mandorle tritate finemente

Sale marino

Compiti a casa

Unire tutti gli ingredienti del condimento in un robot da cucina.

Mescolare con il resto degli ingredienti e amalgamare bene.

Cuori di carciofo con insalata di olive nere

Ingredienti:
1 testa di lattuga romana, sciacquata, accarezzata e sminuzzata

½ tazza di olive nere

½ tazza di cuori di carciofo

Bendare
2 cucchiai. aceto di vino bianco

4 cucchiai di olio extravergine di oliva

Pepe nero appena macinato

3/4 di tazza di arachidi tritate finemente

Sale marino

Compiti a casa

Unire tutti gli ingredienti del condimento in un robot da cucina.

Mescolare con il resto degli ingredienti e amalgamare bene.

Insalata di lattuga Boston, olive nere e cuore di carciofo

Ingredienti:
1 testa di lattuga Boston, sciacquata, accarezzata e sminuzzata

½ tazza di olive nere

½ tazza di cuori di carciofo

Bendare
2 cucchiai. aceto di vino rosso

4 cucchiai di olio extravergine di oliva

Pepe nero appena macinato

3/4 di tazza di mandorle tritate finemente

Sale marino

Compiti a casa

Unire tutti gli ingredienti del condimento in un robot da cucina.

Mescolare con il resto degli ingredienti e amalgamare bene.

Lattuga romana con cuore di carciofo e insalata di vinaigrette di macadamia

Ingredienti:

1 testa di lattuga romana, sciacquata, accarezzata e sminuzzata

½ tazza di olive nere

½ tazza di cuori di carciofo

Bendare

2 cucchiai. aceto balsamico

4 cucchiai di olio di macadamia

Pepe nero appena macinato

3/4 di tazza di anacardi finemente macinati

Sale marino

Compiti a casa

Unire tutti gli ingredienti del condimento in un robot da cucina.

Mescolare con il resto degli ingredienti e amalgamare bene.

www.ingramcontent.com/pod-product-compliance
Lightning Source LLC
Chambersburg PA
CBHW070414120526
44590CB00014B/1392